VI

CATALOGUE

DE

MONNAIES GRECQUES ANTIQUES

EN OR ET EN ARGENT

COMPOSANT LA COLLECTION DE

FEU CLARENCE S. BEMENT

DE PHILADELPHIE (U. S. A.)

PREMIÈRE PARTIE :

IBÉRIE A EUBÉE

incl.

DONT LA VENTE AURA LIEU AUX ENCHÈRES PUBLIQUES

LE 28 JANVIER 1924 ET JOURS SUIVANTS

de 10 heures à midi et de 14 à 18 heures

dans les Salles de l'Hôtel Schweizerhof,

à LUCERNE (Suisse)

SOUS LA DIRECTION DE M. W. KUNDIG, LIBRAIRE-ANTIQUAIRE A GENÈVE, ASSISTÉ DE M. LUCIEN NAVILLE, DE LA MAISON NAVILLE & Cie, A GENÈVE

CONDITIONS DE LA VENTE

Elle sera faite au comptant.

Les acquéreurs paieront 10 % en sus du prix d'adjudication.

Les pièces pourront être réunies en lot, et l'ordre des numéros modifié, le cas échéant.

Les enchères seront poussées par *minimum* de 1 franc jusqu'à 100 francs, de 5 francs jusqu'à 1000 francs et de 25 francs au-dessus de 1000 francs.

La collection sera visible au local de vente les 26 et 27 janvier 1924.

L'authenticité des pièces est garantie.

L'exposition mettant le public à même de se rendre compte de l'état et de la nature des pièces, il ne sera admis aucune réclamation huit jours après la fin de la vente.

M. W. KÜNDIG, libraire-antiquaire à Genève, 1, place du Lac, et
M. LUCIEN NAVILLE, 6, rue Pécolat, à Genève,

se chargeront, aux conditions habituelles, soit cinq pour cent (5 %) sur le chiffre des adjudications, de l'exécution des ordres qu'on voudra bien leur confier; ils donneront, en outre, tous les renseignements qui pourraient être désirés.

Nous insistons, et ceci pour répondre à certaines insinuations malveillantes dirigées contre les ventes de Lucerne, sur le fait que toutes les pièces sont garanties authentiques; que, par surcroît de précautions, nous donnons à tout acheteur un délai de huit jours pendant lesquels il peut faire expertiser ses acquisitions et présenter éventuellement ses réclamations. Nous voudrions qu'on nous dise si les ventes aux enchères qui ont lieu dans les grandes capitales présentent des garanties semblables.

Pour les ordres télégraphiques ou autres, le présent Catalogue sera désigné par le mot **"ARETHUSE".**

VI

COLLECTION CLARENCE S. BEMENT

DE PHILADELPHIE (U. S. A.)

Monnaies Grecques Antiques

en or et en argent

PREMIÈRE PARTIE

IBÉRIE A EUBÉE

INCL.

Catalogue illustré de 37 planches

GENÈVE

NAVILLE & CIE

AGENCE DES JOURNAUX

6 & 8, RUE PÉCOLAT

1923

Pendant toute sa vie, Clarence S. BEMENT a collectionné les objets rares et précieux. La plus grande partie des trésors artistiques et scientifiques qu'il avait rassemblés est venue enrichir les musées américains. Il avait, entr'autres, réuni une bibliothèque de livres introuvables et une collection immense de minéraux qui se trouve aujourd'hui au Musée américain d'histoire naturelle à New-York, grâce à la munificence de feu Pierpont Morgan.

Ce fut pendant les dernières années de sa vie seulement, que C. Bement s'intéressa à la numismatique. Il débuta en recherchant les monnaies modernes aussi bien que les anciennes, mais les premières, faute d'une valeur artistique suffisante, ne pouvaient convenir à ses goûts ; il s'en lassa bientôt et se consacra désormais exclusivement à la recherche des belles monnaies de l'antiquité classique.

En peu d'années il avait réuni une collection de tout premier ordre. Il ne s'est point appliqué à former des séries complètes ; ce qu'il a cherché, ce sont, avant tout, les pièces ayant un réel caractère de beauté. Mais il les voulait irréprochables, aussi est-ce un ensemble d'une qualité vraiment exceptionnelle qui va être mis aux enchères.

La collection est trop importante pour pouvoir être offerte en une fois, aussi a-t-elle été divisée en deux parties. La première, qui est décrite dans les pages qui suivent, comprend les monnaies grecques d'or et d'argent de l'Espagne, la Grande Grèce, la Sicile, Carthage et la Grèce continentale jusqu'à Athènes exclusivement. La deuxième partie comprendra les monnaies classées suivant l'ordre de Head, à partir de l'Attique jusqu'à la fin. Cette seconde vente sera suivie de la superbe collection de monnaies romaines qui fera l'objet d'un catalogue spécial.

Quelques années avant sa mort, C. Bement avait chargé feu T.-L. Comparette de rédiger un catalogue comprenant seulement quelques spécimens parmi les plus importants de sa collection. Cet ouvrage a paru ; il comprend 370 pièces. Nous avons soigneusement noté dans le présent catalogue toutes celles qui ont figuré dans cet ouvrage.

Mais Comparette, au moment où il faisait paraître son « choix », n'avait pas encore sous les yeux un grand nombre de monnaies, souvent de la plus grande importance, acquises depuis lors et qu'on trouvera ici.

En consultant les planches qui suivent, les amateurs de belles monnaies pourront se rendre compte que la collection Bement présente vraiment un nombre extraordinaire de pièces de toute beauté et dans un état de conservation superbe. Ce sont ces pièces artistiques bien conservées qui sont universellement recherchées aujourd'hui, plus encore que les raretés. Mais des raretés certes, il n'en manque pas non plus dans cette collection et ce serait trop allonger cette préface que de vouloir en donner la liste.

Nous ne croyons pas qu'il puisse se présenter, avant de longues années, une semblable occasion d'acquérir des monnaies qui sont presque introuvables.

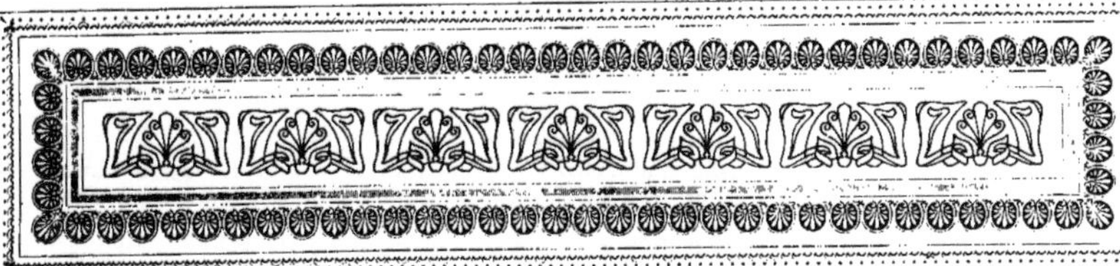

Nos	Poids en grammes	Métal et Module	
			# IBÉRIE
			Osca (*Huesca*)
			(*Ilergetes Vescitani*)
1	4.11	AR 19	Tête barbue à d., collier au cou; derrière, XN· ℞. XᚠMNN· Cavalier au galop, à d., la lance en arrêt. Aloïs Heiss, Description générale des monnaies antiques de l'Espagne, Paris 1870, pl. 13, 1. T.B.
			Belsinum ou **Balsio**
2	3.88	AR 19	Tête barbue à d.; derrière, ጰNXX· ℞. IMOFNS Cavalier au galop à d., une épée dans la main d. H. pl. 20, 2. T.B.
			Agreda (*Aregrat*)
			(*Pelendones*)
3	4.31	AR 18	Tête imberbe à d., collier au cou; derrière, ʘ· ℞. ᚹOᛈXOᚹX Cavalier au galop à d., la lance en arrêt. H. pl. 31, 1. Superbe.
			Arsa
			(*Verones*)
4	4.29	AR 18.5	Tête barbue à d.; derrière, une charrue; devant, un dauphin. ℞. ∇ЯS∇HS Cavalier au galop à d. tenant un javelot. H. pl. 32, 1. T.B.
			Iliberis (*Monte Elvira*)
			(*Turduli*)
5	3.94	AR 20.5	Tête imberbe à d., collier au cou. ℞. ᚴAᚠON‡KN Cavalier casqué et armé d'un bouclier rond au galop à g., conduisant un deuxième cheval. H. pl. 48, 2. Superbe.
			# GAULE
			Marseille
6	0.68	AR 9	*Après 400.* Tête juvénile à g., barbe naissante, les cheveux courts. ℞. M—A dans deux des secteurs d'une roue à quatre rais. Henri de la Tour, Atlas de monnaies gauloises, Paris 1892, pl. II, 580. Superbe.
7	0.82	AR 11	Un exemplaire semblable, sans barbe. M. G. pl. II, 593. T.B.

Nos	Poids	Métal et Module	
8	3.48	AR 17	*Avant 350-200.* Tête d'Artémis à d., de style barbare, parée de bijoux, une double couronne d'olivier dans les cheveux relevés. ℞. ·ΑΣΣΑ· Lion à d. M. G. pl. II, 794. Superbe.
9	2.65	AR 16,5	*Après 200.* Tête semblable, arc et carquois sur l'épaule. ℞. ΜΑΣΣΑ· Lion marchant à d. Sous le ventre, Z/Z· M. G. pl. III, 916. Superbe.
10	2.62	AR 17	Buste drapé d'Artémis à d., stéphanos dans les cheveux relevés, arc et carquois sur l'épaule. ℞. ΜΑΣΣΑ | ΛΙΗΤΩΝ· Lion marchant à d., devant H/Δ· M. G. pl. III, 1004, var. Superbe.
11	2.76	AR 18	Buste semblable de très joli style. ℞. ΜΑΣΣΑΛΙ· | Α (à l'ex.). Lion marchant à g. Entre les pattes de devant, Ι; sous le ventre, Λ· M. G. pl. III, 1090, var. Superbe.
12	2.82	AR 15,5	Buste semblable de style barbare. ℞. ΜΑΣΣΑ | ΛΙΗΤΩΝ· Lion marchant à d. Dessous, ♈-Ε· M. G. pl. III, 1274, var. T.B.
			Aedui
13	1.94	AV 11,5	Tête d'Apollon à d. ℞. Aurige dirigeant un cheval à d.; au-dessous, lyre. M. G. pl. XV, 4838. T.B.
			Ambiani
14	4.08	AV 15	Tête imberbe à cheveux frisés à d. ℞. ΓΠΠ·Υ (?) Aurige conduisant un bige au galop à d. M. G. pl. XXXIII, 8380, var. T.B.
			Imitations des monnaies macédoniennes
15	13.10	AR 26	*Imitation de monnaies de Philippe II.* Tête barbare à d. ℞. Buste tenant lieu de cavalier sur un cheval à g.; dessous, rameau; en haut à d., Ο· M. G. pl. XLVII, 9770. T.B.
16	14.84	AR 25	Tête barbare sans menton à d., ceinte d'une couronne de laurier et d'un diadème à deux rangs de perles. ℞. Cavalier sans bras sur un cheval à d. M. G. pl. IL, 9628. T.B.
17	13.73	AR 23,5	*Imitation de monnaies d'Audoleon.* Tête de femme de face. ℞. Cavalier barbare au trot à g. Sous le cheval, rameau de laurier. M. G. pl. L, 9692. T.B.
			ITALIE
			ÉTRURIE
			Populonia
18	1.36	AV 11	*450-350.* Tête virile imberbe à d., avec collier, chevelure bouclée; derrière, ΛΧΧ (25), cercle saillant au pourtour. ℞. Lisse. BMC. — Arthur Sambon, Les monnaies antiques de l'Italie, Paris 1903, vol. I, 4. Très rare. T.B.
19	6.82	AR 21,5	Gorgoneion de face, les cheveux en bandeau, légèrement ébouriffés, ornés d'un diadème; sous le menton, ΧΧ· Grènetis. ℞. Lisse. BMC. 12. S. 42. T.B.
20	8.19	AR 21	Même type, sous le menton, ΟΧ-ΧΟ; cercle saillant au pourtour. ℞. Lisse. BMC. 9, var. S. 43. T.B.

Nos	Poids	Métal et Module	
21	8.26	Æ 20	Gorgoneion, la chevelure en bandeaux ondulés, ornée d'un diadème à bordure ondulée; sous le menton, XX· ℟. Poulpe. BMC. 4. S. 55, var. Superbe. — Anciennes collections Percy Barron et Robert Allatini, Londres. —
			Populonia (?)
22	4.14	Æ 20	*360-300.* Tête jeune à g. avec barbe naissante, couronnée de laurier; derrière, X· ℟. Lisse. BMC. 14. S. 73. Superbe.
23	3.72	Æ 15.5	Un deuxième exemplaire. T.B.
			Nord de l'Etrurie (Bononia ?)
24	11.12	Æ 22	*IVe siècle.* Tête virile imberbe et laurée à d.; derrière, Λ· Grènetis. ℟. Lisse. BMC. p. 12, 4. S. 101. T. L. Comparette, A descriptive catalogue of Greek coins from the cabinet of Clarence S. Bement, New-York 1921 (Comp.) n° 1. Très rare. T.B. — Ancienne collection Th. Prowe, Moscou. Vente à Vienne 1912, n° 36. —
			SAMNIUM **Corfinium-Aesernia**
25	3.87	Æ 20.5	*Guerre sociale 90-88. Consul C. Papius Mutilus.* VINETFЭ (*Veitelio*). Buste de jeune guerrier à d., avec barbe naissante, coiffé d'un casque à plumes (Mars ?). ℟. ·>·FΓNNΠ>· (*G. Paapiig*). Quatre guerriers, deux de chaque côté, prêtant serment sur un porc qui soutient un personnage agenouillé. S. 215. Superbe.
26	4.08	Æ 21	VIИƎTFЭ (ITALIA *en lettres osques*). Tête de femme à g., laurée et parée de bijoux. Grènetis. ℟. Guerrier debout, de face (la tête à d.), tenant de la main d. une lance et posant le pied g. sur un volumen (?); à d., un taureau couché. A l'ex., Я· S. 225 (5). T.B.
27	4.13	Æ 18	Buste de Dioscure à d., le *pilos* lauré et surmonté d'une étoile. ℟. Pallas armée d'une lance et d'un bouclier, conduisant un bige au galop à d. Sous les chevaux, une tête de bœuf. S. 241 *c*. T.B.
			CAMPANIE **Calès**
28	7.31	Æ 21,5	*280-268.* Tête d'Athéna à d., coiffée du casque corinthien à aigrette; sur la calotte, pentagone; derrière, une aile. ℟. CALENO· Niké conduisant un bige au galop à g. BMC. 4/5, var. S. 895. Superbe.
29	7.04	Æ 21,5	Même tête à g. Sur le casque un serpent; derrière, une massue; sous le cou Γ· ℟. Même légende et même type. BMC. 12, var. S. 893. T.B.
			Capoue
30	7.08	Æ 19	*Pièces frappées par les Romains. 300-275.* Tête barbue et casquée d'Arès à g. (copiée de la tête du héros Leucippe, sur les monnaies de Métaponte); derrière, des feuilles de chêne et un gland. ℟. ROMANO (écrit sur une base). Protomé de cheval bridé (calquée sur les monnaies siculo-carthaginoises). Derrière, un épi de blé. S. 1087. T.B.

Nos	Poids	Métal et Module	
31	7.06	AR 20	ROMANO. Tête laurée d'Apollon à g. ℞. Cheval libre au galop à d. En haut, une étoile. S. 1090. T.B. — Collection Joseph E. Gay. —
32	6.85	AR 20.5	Tête imberbe d'Héraclès à d., la chevelure ceinte d'une bandelette, la dépouille du lion attachée au cou, la massue sur l'épaule. Grènetis. ℞. ROMANO· La louve romaine à d. allaitant les jumeaux et retournant la tête pour les caresser. S. 1092. De toute beauté.
33	6.53	AR 19	Tête d'Athéna (?) à d., coiffée du casque phrygien, se terminant dans le haut par une tête de griffon. Grènetis. ℞. ROMANO· Niké debout à d., attachant une couronne à une palme; dans le champ à d., Ξ Ξ. S. 1113 *b*. T.B.
34	6.73	AR 19	*280-268*. Tête laurée d'Apollon à d. ℞. ROMA· Cheval libre galopant à g. S. 1119. Superbe.
35	6.61	AR 20	Tête casquée d'Arès à d., avec barbe naissante. ℞. ROMA· Protomé de cheval bridé à d.; derrière, faucille. S. 1123. Superbe.
36	6.66	AR 24	*268-200*. *Janus Geminus*, imberbe et lauré, de très beau style grec. Grènetis. ℞. ROMA· (sur une tablette, lettres incuses). Zeus dans un quadrige au galop à d., conduit par Niké; il tient de la main g. un sceptre et lance de la main d. le foudre. S. 1126. Superbe.
37	6.80	AR 23	Un autre exemplaire semblable, avec ROMA en lettres saillantes. S. 1129. F.D.C.
38	6.77	AR 21	Un autre exemplaire de style romain. S. 1131. Superbe.
39	3.36	AV 25	*217-211*. Tête barbue et casquée d'Arès à d. Derrière, l'indice de la valeur, ↓X (60 sesterces). Grènetis. ℞. ROMA· Aigle à d., les ailes éployées, un foudre dans les serres. S. 1079. Superbe. — Vente Mann, Londres 1917. —
			Cumes
40	7.10	AR 21	*480-400*. Tête de nymphe à d., les cheveux relevés, ondulés et arrangés en bourrelets. ℞. ΝΩ···VΚ· Moule (pointe à g.), au-dessus, grain d'orge. BMC. 35, var. S. 280. Superbe. — Ventes H. Osborne O'Hagan et Headlam, Londres 1916, nº 214. —
			Hyria
41	7.20	AR 20	*400-335*. Tête d'Athéna à d., coiffée du casque athénien orné d'une branche d'olivier sur laquelle perche une chouette. ℞. ΑΝΙΞΥ· Taureau androcéphale marchant à d. BMC. 3. S. 773. T.B.
42	7.53	AR 22	Même tête d'Athéna à g. Derrière, Γ· ℞. ΥΡΙΑΝΟΣ· Taureau androcéphale marchant à d. BMC. 12. S. 785. Flan très large, de toute beauté. — Ancienne collection Sangorski. —
43	6.61	AR 20	*380-350*. Tête de nymphe à d., parée des bijoux, la chevelure ceinte d'un bandeau noué sur le front. ℞. ΥΡΑΝΟΣ· (sic!). Taureau androcéphale marchant à d. BMC. — S. 792, note. De toute rareté. T.B. — M. Sambon cite cette pièce d'après L. Sambon, Recherches. pl. 11, 28, en disant toutefois qu'il ne l'a jamais rencontrée. Comparez pour le type de la nymphe, Sambon, Naples, nº 341, et Nola, nº 799. —

Nos	Poids	Métal et Module	
44	7.18	AR 21.5	*380-340.* Tête de Héra, presque de face, coiffée d'un stéphanos orné d'une palmette entre deux protomés de griffon, les cheveux flottants; collier avec pendentifs autour du cou. Grènetis. ℞. ΑИΙΩΥ· Taureau androcéphale marchant à d. BMC. 14. S. 794 b. T.B.

Naples

Nos	Poids	Métal et Module	
45	7.31	AR 20	*325-280.* Tête de nymphe Parthénopé à d., ornée de bijoux, la chevelure bouclée et ceinte d'un bandeau; derrière, grappe de raisin; sous le cou, ΔΙΟΦΑΝΟΥΣ. ℞. ΝΕΟΓΟΛΙΤΗΩ (*sic*)· Taureau androcéphale marchant à d., tête de face, couronné par Niké volant à d. Sous le taureau, ΙΑΙ· BMC. 47, var. S. 438, var. T.B.
46	7.36	AR 20	Tête de nymphe à d., semblable à la précédente; au pourtour, des dauphins. ℞. ΝΕΟΓΟΛΙΤΩΝ· Type pareil au précédent. Sous le taureau, ΟΥΙΛ· BMC. 90. S. 458. De toute beauté. — Ancienne collection W. A. Colegate. —
47	7.41	AR 20	Tête de nymphe semblable à la précédente; derrière, un osselet. ℞. Légende et type pareils aux précédents, pas de lettres sous le taureau. S. 464. Très beau style. Superbe.
48	7.11	AR 20.5	Autre exemplaire semblable d'un style différent. S. 464. T.B.
49	7.29	AR 18.5	Tête de nymphe semblable à la précédente; derrière, Χ· ℞. ΝΕΟΓΟΛΙΤΩΝ· sur une base saillante. Type pareil au précédent; sous le taureau, Θ· BMC. 69. S. 476. T.B. — Collection Joseph E. Gay. —
50	7.04	AR 20	*300-241.* Tête de nymphe à g. semblable à la précédente; derrière, ΕΥ· ℞. ΝΕΟΓΟΛΙΤΩΝ· Taureau androcéphale marchant à g., couronné par Niké volant à g. Sous le taureau, ΛΟΥ· BMC. 63. S. 483. T.B.
51	7.12	AR 21.5	Tête de nymphe semblable à la précédente; derrière, un terme barbu. Grènetis. ℞. Même légende et même type à d.; pas de lettres sous le taureau. S. 491. Superbe.
52	7.16	AR 21.5	Tête de nymphe semblable à la précédente de très joli style; derrière, un masque comique; sous le cou, ΙΒ· Grènetis. ℞. Même légende et même type. Sous le taureau, ΒΙ· S. 494. De toute beauté. — Ancienne collection Sangorski. —
53	7.06	AR 22	Tête de nymphe, semblable à la précédente. Derrière, un cratère. Grènetis. ℞. Même légende et même type. Sous le taureau, Α· S. 533. De toute beauté. — Collection Sir H. Weber, Londres. Catalogue par L. Forrer, no 347.
54	3.53	AR 17	Même tête de nymphe et même symbole. ℞. Même légende et même type. Sous le taureau, Α· BMC. 101. S. 548. T.B.

Nola

Nos	Poids	Métal et Module	
55	7.32	AR 18.5	*360-320.* Tête d'Athéna à d., coiffée du casque athénien à aigrette, la calotte ornée d'une branche d'olivier, sur laquelle perche une chouette. ℞. ΝΩΛΑΙΩΝ· Taureau androcéphale marchant à d. Sous le ventre, Æ· S. 814. T.B.

Nuceria Alfaterna

Nos	Poids	Métal et Module	
56	7.18	AR 22,5	*280-268.* Légende osque (*Núvkrinúm Alafaternúm*). Tête juvénile à g. avec longue chevelure et cornes de bélier; derrière, canthare. Grènetis. ℟. Jeune héros (un des Dioscures?) debout à g., tenant son cheval par la bride. BMC. 4. S. 1011. Comp. n° 3. T.B.

Phistelia

Nos	Poids	Métal et Module	
57	7.56	AR 20,5	*380-350.* Tête de nymphe presque de face, la chevelure ornée de l'ampyx et en partie flottante autour du visage. ℟. ·ƧIVꓘϒƧI8· Taureau androcéphale marchant à g. S. 826. Comp. 4. Style superbe. De la plus grande rareté et de toute beauté. — Collection Paul Mathey. —
58	7.45	AR 18	Tête semblable de dessin sommaire et de fabrique osque. ℟. 8IƧTVVIƧ· Même type de taureau; à l'ex., dauphin à g. BMC. 2. S. 827. Comp. 5. T.B.
59	0.61	AR 11,5	Tête virile imberbe (masque sans cou) de face avec chevelure courte et bouclée. ℟. ƧIVꓘƧI8· Dauphin, grain d'orge et moule. BMC. 4. S. 831 a. T.B.
60	0.61	AR 10	Autre exemplaire semblable et à la légende ƧIVVTƧI8· S. 831 b. T.B.
61	0.14	AR 6	ƧIV-ꓘTƧI8· Tête semblable à la précédente (dessin très soigné). ℟. Roue, un globule dans chaque canton. S. 843. Très rare. T.B.
62	0.71	AR 10	Tête de femme presque de face, la chevelure flottante. ℟. Sans légende. Lion courant à g.; à l'ex., un serpent. BMC. p. 129, 1. S. 844. Superbe.

Suessa

Nos	Poids	Métal et Module	
63	6.50	AR 22	*280-268.* Tête laurée d'Apollon à d.; derrière, un épi. ℟. SVESANO· Cavalier (desultor) nu, coiffé du pilos, conduisant un second cheval à g.; il tient de la main g. le *lemniskos*. BMC. 8. S. 856. Comp. 6. Superbe. — Collection Sir H. Weber, n° 404. —

APULIE

Arpi

Nos	Poids	Métal et Module	
64	6.60	AR 22	*IIe siècle.* ΑΡΓΑΝΩΝ· Tête de Perséphone à g., couronnée d'épis, les cheveux relevés; derrière, un épi. Grènetis. ℟. Cheval libre galopant à g.; en haut, une étoile; sous le cheval, ΔΑΙΟΥ· BMC. 1. Comp. 7. T.B. — Collection Sir H. Weber, n° 420. —
65	0.63	AR 10	Α· Cheval libre au galop à d. Grènetis. ℟. Α· *Harpa*. Grènetis. BMC. 3. T.B.

CALABRE

Tarente

Nos	Poids	Métal et Module	
66	7.99	AR 19	*510-480.* ϟΑЯΑΤ· Taras nu, chevauchant le dauphin à d.; au-dessous, pétoncle. Grènetis. ℟. Roue à quatre rais. Cercle creux. BMC. 35. Ernest Babelon, Traité des monnaies grecques et romaines, Paris 1907 sq., pl. 65, 4. T.B.
67	0.80	AR 8,5	Pétoncle. Grènetis. ℟. Semblable au précédent. BMC. 56. Bab. pl. 65, 7. B.

Nos	Poids	Métal et Module	
68	8.05	Æ 21	*500-473.* ƧAЯAT· Taras nu chevauchant le dauphin à d., la main d. étendue, et tenant un poulpe de la main g. Cordelette perlée. ℟. Hippocampe galopant à d. Au-dessous, pétoncle. Cercle dentelé. BMC. 41. Bab. pl. 65, 14, var. Superbe.
69	7.96	Æ 20	TARAS· Taras chevauchant le dauphin à g., les deux bras tendus en avant; dessous, pétoncle. Grènetis. ℟. Hippocampe galopant à g. BMC. 50. Bab. pl. 45, 13, var. (Hippocampe à g.). Forrer, Cat. Sir H. Weber, n° 522. Très rare. De toute beauté. — Collection Paul Mathey. —
70	7.53	Æ 18	MAЯAT· Taras chevauchant le dauphin à d., tenant devant lui une couronne des deux mains; dessous, pétoncle. Grènetis. ℟. Hippocampe galopant à d.; dessous, crabe. BMC. 51. Bab. p. 1390, 2046. Très rare. T.B.
71	8.—	Æ 19	Taras chevauchant le dauphin à g., les deux bras tendus en avant; dessous, pétoncle. Grènetis. ℟. Tête juvénile imberbe à g., les cheveux courts et cerclés d'un large bandeau. Cercle épais linéaire. BMC. 53. Bab.— S. W. Grose, Catalogue of the Mc Clean collection of Greek coins, vol. I, Cambridge 1923, pl. 21, 11. Très rare. T.B.
72	7.88	Æ 22	*473-460.* TAPANTIN-OΣ· Taras chevauchant le dauphin à g., les deux bras tendus à l'avant; dessous, petit pétoncle. Cercle linéaire. ℟. « Taras Oikistès » demi-nu assis à g. sur un escabeau, tenant de la main d. une quenouille et s'appuyant de la main g. sur un bâton. BMC. 75. Vlasto, Taras Oikistès, Numismatic notes and monographs, published by the American Numismatic Society, New-York 1922, pl. 6 n° 16, H. e. T.B.
73	7.86	Æ 20.5	*430-380.* Cavalier nu galopant à d., tenant, de la main g., les rênes et le fouet de la main d. rejetée en arrière. ℟. TAPAΣ· Taras nu chevauchant le dauphin à g. et tenant un acrostolion de la main d. Cercle linéaire. Sir Arthur Evans, The « Horsemen » of Tarentum, Num. Chron. 1889, II, p. 45. H. 1, var. Grose, pl. 22, 20. B.
74	7.94	Æ 21.5	*380-345. L'âge d'Archytas.* Cavalier nu galopant à d. ℟. TAPAΣ· Type pareil au précédent. Ev. III, p. 58, B. 2. Superbe. — Collection R. Allatini. —
75	7.94	Æ 20	Cavalier nu au repos à d., couronnant son cheval. Au-dessous, Palladion. ℟. TAPA·· Taras nu chevauchant le dauphin à g. et tenant un canthare de la main g. Au-dessous, A· BMC. 138, var. Ev. III, p. 61, K. 3, var. T.B.
76	7.79	Æ 21	Cavalier nu, armé d'un bouclier rond, sautant du cheval galopant à g. Dessous, Γ· ℟. TAPAΣ· Taras nu chevauchant le dauphin à g. et tenant un poisson sur la main d. étendue. Dessous, P· BMC. 261. Ev. III, p. 61, L. 2. T.B.
77	7.78	Æ 21	Même type; au-dessous du cheval, ⊢· ℟. TAPA-Σ· Taras nu chevauchant le dauphin à g. et tenant de la main g. un casque corinthien à aigrette. Dessous, I et des flots. BMC. 258, Ev. III, p. 61, L. 3. Superbe. — Collection R. Allatini. —
78	7.75	Æ 21.5	Cavalier nu, coiffé du casque à aigrette et armé d'un bouclier et d'une lance, au pas à g. Au-dessous, Δ· ℟. TAPA-Σ· Taras chevauchant le dauphin à g., tenant de la main d. le trident sur l'épaule. Dessous, K, et des flots. BMC. 193. Ev. III, p. 62, M. 1. T.B.

Nos	Poids	Métal et Module	
79	0.36	AR 9	Canthare; au pourtour cinq globules. Cercle linéaire. ℟. Type pareil au droit. BMC. 434. T.B.
80	0.30	AR 7,5	Pétoncle. ℟. Dauphin à g. En haut, petite Niké volant à g. (?); au-dessous, E. BMC. 451 sq., var. T.B.
81	0.26	AR 7.5	Deux croissants, dos à dos; en haut et en bas, un globule; à g., Λ· ℟. Même type qu'au droit, sans lettres. BMC. 457 sq., var. T.B.
82	7.89	AR 21	*Vers 375 (autrefois daté 344-334).* Cavalier nu galopant à d., portant de la main g. un bouclier et deux javelots, et pointant sa lance de la main d. A g., ⊢; à d. Λ; au-dessous du cheval, ΚΑΛ | Ω ℟. ΤΑΡΑΣ· Taras nu chevauchant le dauphin à d. et tenant devant lui un casque à aigrette. Dans le champ à d. et à g., une étoile. Sous le dauphin, ΦΙ· BMC. 213, var. Ev. IV, p. 79, H. 1, var. Superbe.
83	7.80	AR 21.5	Même droit, mais sous le cheval la lettre A au lieu de Ω. ℟. Type pareil au précédent, mais sous le dauphin, ΑΡΙ· BMC. 210. Ev. IV, p. 79, H. 2. De toute beauté.
84	0.70	AV 8	*340-334.* Tête de femme (Héra ?) à d., parée de bijoux, stéphanos dans les cheveux retombant sur la nuque. Derrière, K; devant, M | Φ· ℟. ΤΑ-Ρ-ΑΝ· Canthare. BMC. 28. T.B.
85	8.60	AV 27	*315-314.* ΤΑΡΑ· Tête de Héra (?) à d. parée de bijoux, stéphané dans les cheveux relevés et portant un voile transparent retombant sur la nuque. Devant, un dauphin, tête en bas; au-dessous du cou, ΚΟΝ· Grènetis. ℟. ΔΙΟΣΚΟΡΟΙ· Les Dioscures nus au pas à g., l'un couronnant son cheval, l'autre, tenant de la main d. la *palma lemniscata*. A l'ex., ΣΑ· Grènetis. Ev. pl. V, 9. Vlasto, Monn. d'or, p. 330, type K, I, e. (pl. I, g. 1). Comp. 10. De toute rareté et de toute beauté. — Vente à Paris 1918, no 12. —
86	8.57	AV 17	*Après 315.* Tête imberbe d'Héraclès à d., coiffée de la peau de lion; la massue à g. au-dessous de la tranche du cou. ℟. ΤΑΡΑΝΤΙΝΩΝ· Taras nu, la chlamyde flottant autour du bras g. et tenant un trident, conduit un bige au galop à d. En haut, ΝΙΚΑΡ· BMC. 11, Ev. pl. V, 12. Vlasto, Monnaies d'or, type O, n° 3. De toute rareté. Superbe. — Ancienne collection Maxime Collignon. Vente à Paris 1919, no 18. —
87	7.90	AR 21	*334-302.* Cavalier nu et casqué à d., pointant de la lance et portant un bouclier et deux javelots. Dessous, ΔΑΙ· ℟. ΤΑΡΑΣ· Taras chevauchant le dauphin à g., portant un trident sur l'épaule et tenant un bouclier orné d'un hippocampe à g. Au-dessous, murex; à g., ΦΙ· BMC. 246. Ev. V, p. 102, B. 5. Superbe.
88	7.95	AR 22,5	Type semblable du cavalier, sans le casque. Au-dessous, ΣΑ· ℟. ΤΑΡΑΣ· Taras chevauchant le dauphin à g., tenant un trident et un canthare; au-dessous, dauphin à g.; devant, Ω | Σ· BMC. 229. Ev. V, p. 103, B. 15. De toute beauté.
89	7.63	AR 22.5	Même droit. ℟. Type pareil au précédent; dans le champ à g., Α | Ρ· BMC. 222. Ev. V, p. 103, B. 16. De toute beauté.
90	7.64	AR 23	Même droit. ℟. ΤΑΡΑΣ· Taras chevauchant le dauphin à d., tenant un arc et une flèche. Au dessous, ⊢ΗΡ-⊢Ρ· Ev. V, p. 103, B. 18. Superbe.

Nos	Poids	Métal et Module	
91	8.—	Æ 21	Cavalier nu à d. se couronnant. Au-dessous, ΣA et chapiteau ionien. ℞. TAPAΣ. Taras chevauchant le dauphin à g. tenant de la main d. étendue un escargot. Au-dessous, KOИ. BMC. 177. Ev. V, p. 104, E. 1. T.B.
92	7.99	Æ 23	*302-281.* Cavalier nu à d. couronnant son cheval. Dans le champ à g., ΣA; dessous, APE | ΘΩN. ℞. TAPAΣ· Taras chevauchant le dauphin à g. tenant un trépied de la main d. Dessous, ꓚAΣ· Ev. VI, p. 122, A. 1. Superbe.
93	7.93	Æ 20	Cavalier nu, casqué et portant un bouclier, au galop à g. Niké debout à g., saisissant le cheval par la bride et par la mèche du chanfrein. ℞. Taras nu se dressant et posant un genou sur le dos du dauphin à g.; il tient de la main g. un bouclier orné d'un E, et deux javelots. Au-dessous, des flots. Dans le champ à g., ΣOP· Ev. VI, p. 133, B. 2. Beau.
94	1.33	Æ 11,5	Tête d'Athéna à d., coiffée d'un casque à aigrette, la calotte ornée d'un Scylla. ℞. Héraclès nu agenouillé à d. et étouffant le lion, sur le dos duquel est perchée une chouette à g. BMC. 345. Superbe. — Collection Paul Mathey. —
95	1.09	Æ 12	Même type; la calotte ornée d'un hippocampe. ℞. TA· Héraclès nu, debout à d., étouffant le lion. Entre les jambes, Φ. BMC. 359. T.B.
96	8.57	AV 18	*Vers 281. Hégémonie de Pyrrhus d'Epire.* Tête laurée de Zeus Eleuthérios à d. Derrière, NK· ℞. TAPANTINΩN· Aigle, les ailes déployées, debout à g., un foudre dans ses serres. Devant, ☧·; en haut à d., ΣΩ. BMC. —. Ev. p. 141, 7. Berl. Mus. 10 *(cet exemplaire).* De toute rareté. T.B. — Provenant des doubles de Berlin, Vente Hirsch, XXVI, mai 1910, no 16. —
97	0.85	AV 9	*Après 281.* Tête imberbe d'Héraclès à d., coiffée de la peau de lion; derrière, NIK (Monogr.). ℞. TAPAΣ· Taras nu chevauchant le dauphin à g. tenant de la main d. un canthare et le trident de la main g. BMC. 27. Beau. — Vente Headlam, Londres 1916, no 220. —
98	6.57	Æ 20,5	*281-271.* Cavalier nu, casqué, au galop à d., pointant de la lance et portant un bouclier et deux lances en réserve; à g., ΓY; sous le cheval, ΣΩ-ΣTPATOΣ· ℞. TAPAΣ· Taras nu chevauchant le dauphin à g., tenant une Niké stéphanophore et une corne d'abondance. A d., foudre; à g., ΠOΛY. Ev. VII, p. 157, A. 2. T.B.
99	6.42	Æ 22	Type semblable du cavalier; une petite Niké volant à g. et tendant une couronne. A g., ΣI; sous le cheval, ΛYKΩN· ℞. TAPAΣ· Taras nu, chevauchant le dauphin à g., tenant un canthare et un trident. Dans le champ à d., YΊ. Ev. VII, p. 157, A. 6. F.D.C. — Collection Sebastopoulos. —
100	6.29	Æ 21	Cavalier nu au pas à g. Un homme nu, debout à d., fait le geste de couronner le cheval; à d., ΓY; sous le cheval, API | ΣTI | Π· ℞. Taras nu, chevauchant le dauphin à d., tenant son arc et une flèche; au-dessous à d., éléphant à d. Ev. VII, p. 158, B. 1. Comp. 12. Dessin très soigné. Superbe. — Collection Hartwig, Rome 1912. —
101	6.53	Æ 22	Un autre exemplaire semblable, avec ΔI sous le dauphin. Ev. VII, 158, B. 1. T.B.

Nos	Poids	Métal et Module	
102	6.57	AR 22,5	Cavalier nu au pas à d., couronnant son cheval; à g., **ΙΩ**; en bas, **ΝΕΥ | ΜΗ**· ℞. **ΤΑΡΑΣ**· Taras assis de côté sur le dauphin à g., tenant un casque cornu; de part et d'autre, une étoile; à d., **ΓΟΛΥ**· BMC. 144, Ev. VII, p. 158, C. 3. F.D.C. — Anciennes collections Sir John Knowles et R. Allatini, Londres. —
103	6.56	AR 19,5	Type semblable de cavalier; à g., **ΑΡ**; en bas, **ΔΑΜΟΚΡΙ** (?)· ℞. **ΤΑΡΑΣ**· Taras nu chevauchant le dauphin à g., tenant un rhyton de la main d. et le trident et un bouclier, orné d'un hippocampe, de la main g. Ev. VII, p. 158, C. 4. Superbe.
104	6.49	AR 19,5	Les deux Dioscures nus au galop à g.; en haut, **Φ**· ℞. **ΤΑΡΑΣ**· Type semblable au précédent, mais Taras tient sur la main g. une petite Niké stéphanophore. Au-dessous, des flots. Ev. VII, p. 159, D. 1. Superbe.
105	6.50	AR 21,5	Dioscure avec chlamyde flottante, au pas à d., et couronnant son cheval. A g., **ΑΡ**· ℞. Même légende et même type; variété sans les lettres, **ΓΥ**· Ev. VII, p. 159, E. 1. Comp. 13. Superbe. — Collection R. Allatini. —
106	6.46	AR 21,5	Cavalier casqué au galop à g., portant deux lances et un grand bouclier rond orné d'une étoile; en bas, **Η | ΑΓΟΛΛΩ**; à d., **ΙΩ**· ℞. **ΤΑΡΑΣ**· Taras nu, assis à g. sur le dauphin, tenant une grappe de raisin et une quenouille; à d., **ΑΝΘ**· Ev. VII, p. 160, F. 1. Superbe.
107	6.42	AR 21	Cavalier nu au pas à d., se couronnant; à g., **ΙΩ**; en bas, **ΙΑΛΟ** et chapiteau ionien. ℞. Type semblable au précédent, mais Taras tient un aplustre et une quenouille. Ev. VII, p. 161, G. 1. T.B.
108	3.00	AR 16	Tête d'Athéna à d., coiffée du casque athénien à aigrette, la calotte ornée d'un Scylla. ℞. Chouette perchée à d. sur une branche d'olivier; devant, **ΓΟΛΥ**· BMC. 314. Superbe.
109	2.97	AR 15	Type semblable à g. ℞. Chouette, les ailes éployées, à d. sur un foudre. A d., **ΣΩ**· BMC. 326. B.
110	2.46	AR 14	Type semblable d'un très haut relief. ℞. Semblable au précédent; sous l'aile g., **ΤΟ**· BMC. Style rude. Superbe. — Collection R. Allatini. —
111	6.46	AR 20	*Tarente comme* civitas foederata. *Alliance avec Rome, 272-235.* Cavalier nu au pas à g., couronnant son cheval; derrière lui, **ΣΥ**; en bas, **ΛΥΚΙ | ΝΟΣ**· ℞. **ΤΑΡΑΣ**· Taras nu chevauchant le dauphin à g., portant la chlamyde sur le bras g. étendu et brandissant le trident; derrière, chouette à g. BMC. 161. Ev. VIII, p. 177, A. 9. Superbe.
112	6.47	AR 22	Type semblable de cavalier; à d., **ΔΙ**; en bas, **ΦΙΛΩ | ΤΑϹ**· ℞. **ΤΑΡΑΣ**· Taras nu, chevauchant le dauphin à g., tenant un canthare et une quenouille. A d., coq à g. Ev. VIII, p. 177, A. 11. Superbe.
113	6.51	AR 18	Type semblable de cavalier à d. Derrière, **ΕΥ**; devant, **ΦΙ**; en bas, **ΞΕΝΕ-ΑΣ**· ℞. Taras nu chevauchant le dauphin à g., tenant un rhyton en forme de cerf et un trident. A d., un épi. Ev. VIII, p. 178, C. 1 (description un peu incomplète). De toute beauté.
114	6.57	AR 21	Un deuxième exemplaire. Superbe.

Nos	Poids	Métal et Module	
115	6.43	Æ 20,5	Les deux Dioscures coiffés du pilos, la chlamyde au cou, galopant à d. ℟. ΤΑΡΑΣ· Taras chevauchant le dauphin à g., tenant un canthare et un trident. A d., ϘΡ· BMC. 97. Ev. pl. 9, 5. Très rare. Superbe.
116	6.28	Æ 20,5	Cavalier nu, les reins drapés, au repos à d., levant la main d. En bas, ΦΙΛΙϹΚΟϹ· ℟. Même légende et même type. En bas, trépied. Ev. VIII, p. 179, F. 1. Superbe.
117	6.42	Æ 19,5	Cavalier nu, casqué, galopant à d., tenant un bouclier et une lance. Derrière, ΔΙ·; le nom de mag. en bas est effacé. ℟. ΤΑΡΑΣ· Taras chevauchant le dauphin à g., la tête de face; il tient un trident et porte la chlamyde flottante autour du bras; devant, Niké stéphanophore vole à sa rencontre. Dessous, des flots. Ev. VIII, p. 120, H. 1. T.B. — Vente Cumberland Clark, Londres 1914. —
118	6.32	Æ 20	Un deuxième exemplaire, le nom de mag., ΑΠΟΛΛ | ΩΝΙΟΣ· très distinct. Beau. — Collection Joseph E. Gay. —
119	6.51	Æ 19	Cavalier nu au pas à d. Niké volant derrière lui le couronne. A d., ΦΙ; en bas, ΑΡΙΣΤΕΙΔ· ℟. Taras chevauchant le dauphin à g., tenant un épi et un trident; derrière, [monogramme]· Ev. VIII, p. 181, L. 2. Superbe.
120	3.11	Æ 15,5	Tête d'Athéna à d., coiffée du casque athénien à aigrette, la calotte ornée d'un Scylla. ℟. ΗΡΑΚΛΗΤοΣ· Chouette à d., perchée sur une branche d'olivier sur laquelle est une fleur. Ev. VIII, p. 182, 2. Superbe.
121	3.01	Æ 15,5	Un deuxième exemplaire. T.B.
122	0.45	Æ 10	Tête de cheval bridé à d. ℟. Même tête à d.; devant, colombe (?) à d. BMC. 417, var. T.B.
123	0.47	Æ 9	Tête de cheval à g. ℟. Même tête à g.; devant, ΑΡ· BMC. 428, var. T.B.
124	0.34	Æ 9	Canthare; au pourtour, trois globules. ℟. Canthare; en bas, Φ-Ι· BMC. — Grose pl. 27, 19, var. T.B.
125	7.07	Æ 19	*Types Campano-Tarentins. 281-272.* Tête de femme à g., parée de bijoux, un bandeau dans les cheveux relevés. ℟. ΤΑ· Cavalier nu au pas à d., la main d. levée. En bas, dauphin à d. Grènetis. BMC. 279. Superbe.
126	7.29	Æ 18	Type pareil, de style différent. ℟. ΤΑ· Cavalier nu au pas à d., couronnant le cheval; dessous, dauphin à d. BMC. 282. Superbe.
127	6.84	Æ 20	Type semblable. ℟. Pareil au précédent; dans le champ à d., ΦΙ· BMC. 284. Superbe.
128	6.47	Æ 21	*235-228. Alliance avec Rome.* Cavalier nu, galopant à d., tenant une torche allumée derrière lui; à g., [monogramme]; en bas, ΔΑΙΜΑΧ∘C. ℟. ΤΑ-ΡΑC· Taras nu, chevauchant le dauphin à g., tenant un canthare et un trident. Derrière, [monogramme]· Ev. IX, p. 194, A. 1. T.B. — Vente Cumberland Clark, Londres 1914. —
129	6.23	Æ 20	Cavalier drapé, galopant à d., renversé en arrière. Dessous, ΣΩΠΥΡΙΩΝ et bucrane; entre les cornes, ΣΩ· ℟. Τ-ΑΡΑΣ· Taras chevauchant le dauphin à g., tenant un trident et portant un hippocampe sur la main d. Derrière, tête de Pan barbue à g. et Ε· BMC. 189. Ev. IX, p. 194, B. 1. T.B.

Nos	Poids	Métal et Module	
130	6.40	Æ 20	Cavalier nu au pas à d., couronnant le cheval; derrière, [monogramme]; devant, [monogramme]; dessous, ΦΙΛΟ | ΚΛΗC et dauphin à d. ℞. ΤΑ-ΡΑΣ. Taras nu, chevauchant le dauphin à g., tenant un rhyton en forme d'animal et un trident. Derrière, deux amphores. Ev. IX, 195, E. 1. Superbe.
131	6.39	Æ 19,5	Dioscure, vêtu d'une tunique et de la chlamyde, au pas à g. (la tête de face), levant le bras d. Derrière, [monogramme] et pilos. Dessous, ΞΕ-ΝΟΚΡΑ | Τ-ΗΣ· ℞. ΤΑΡΑΣ· Taras couronné, nu, chevauchant le dauphin à g., levant de la main d. sa chlamyde et tenant un trident. Derrière, Σ· Dessous, des flots. Ev. IV, p. 195, G. 1. Superbe. — Collection R. Allatini. —
132	6.32	Æ 21	Cavalier cuirassé, galopant à d. (la tête de face), la main d. étendue derrière lui pour recevoir une petite Niké stéphanophore volant à d. Derrière, [monogramme]; dessous, ΚΑΛΛΙΚΡΑ | ΤΗΣ· ℞. ΤΑΡΑΣ· Taras nu, chevauchant le dauphin à g., tenant un trident et portant sur la main d. une petite Niké qui le couronne. Derrière, ΝΕ· BMC. 277. Ev. IX, p. 196, H. 1. Comp. 14. De toute beauté. — Ancienne collection Martinetti. Vente à Rome 1907, no 338, et R. Allatini, Londres. —
133	3.83	Æ 19	*Occupation d'Annibal 219-209.* Hippakoniste barbu et cuirassé galopant à d., brandissant un javelot. Derrière, ΦΙ; dessous, ΦΙΛΙΑΡΧΟΣ. ℞. ΤΑΡΑ-Σ· Taras nu, la tête diadémée, à d., la chlamyde flottant au bras g. et brandissant un trident. Ev. X, p. 211, D. 1. De toute beauté. — Collection R. Allatini. —
134	3.59	Æ 19	Cavalier casqué et cuirassé, au pas à d., tenant « palma lemniscata ». Dessous, ΣΩΚΑΝ-ΝΑΣ· ℞. ΤΑΡΑΣ· Taras nu, chevauchant le dauphin à g., tenant un canthare et un trident. Derrière, aigle à g., les ailes déployées. Ev. X, p. 211, E. 1. Beau.

LUCANIE

Héraclée

Nos	Poids	Métal et Module	
135	1.17	Æ 12,5	*432-380.* Tête barbue d'Héraclès à d., coiffée de la peau de lion. ℞. ΗΕ· Lion courant à d. BMC. 1. Beau.
136	1.04	Æ 11,5	Tête imberbe d'Héraclès à d. ℞. ƎΗ· Lion courant à d. BMC. 2. T.B.
137	7.63	Æ 22	*370-281.* Tête d'Athéna à d., coiffée du casque athénien à aigrette, orné d'un Scylla. Devant, Α | Κ | Φ· Grènetis. ℞. ⊢ΗΡΑΚΛΗΙΩΝ· Héraclès nu, debout à d., étouffant le lion; derrière, sa massue et ΚΑΛ; entre ses jambes, chouette à d. BMC. 28. Comp. 15. Style superbe. T.B. — Catalogue Hirsch XXVI, no 219. —
138	7.58	Æ 22	Tête semblable d'Athéna de style sommaire; devant, ΕΥ· ℞. Légende incomplète. Même type; entre les jambes d'Héraclès, vase à une anse. Garrucci, Monete dell'Italia antica, Rome 1885, pl. 101, 32. T.B.
139	7.86	Æ 20,5	Légende en dehors du flan. Tête d'Athéna à d., coiffée du casque corinthien à aigrette, orné d'un Scylla. Derrière, Κ· ℞. ⊢ΗΡΑΚΛΗΙΩΝ· Héraclès nu, debout de face, appuyé sur sa massue et portant l'arc, une flèche et la peau de lion. A g. en haut, vase à une anse, en bas, ΑΘΑ· BMC. 33. Superbe. — Ancienne collection Sangorski. —

Nos	Poids	Métal et Module	
140	7.87	Æ 20	Un deuxième exemplaire, avec légende complète. T.B.
141	7.95	Æ 21,5	Même légende et même tête, sans lettre derrière. ℞. Semblable au précédent; mais le vase dans le champ à d., et dans le champ à g., Niké volant à d. pour couronner Héraclès. BMC. 38. Très joli style. Superbe. — Collection Earle. Vente à Philadelphie 1912. —
142	3.93	Æ 18	Tête d'Athéna presque de face, coiffée du casque athénien à triple aigrette, orné d'un Scylla. ℞. ⊢ΗΡΑΚΛΕΙΩΝ· Chouette à d., perchée sur une branche d'olivier; à g., ΣΩΣΙ; à d., une massue. Cf. Cat. Jameson n° 247. Très rare. Superbe. — Ancienne collection Sangorski. —
143	3.90	Æ 18	Même tête d'Athéna; à g., [monogramme]· ℞. Semblable au précédent; à g., une massue, à d., ΦΙΛΩ· Très rare. T.B.
144	6.44	Æ 21,5	*281-272.* ΑΡΙΣΤΟΓΕ· Tête d'Athéna à d., coiffée du casque corinthien à aigrette, orné d'un griffon; derrière, ΚΛΕ; dessous, Β· ℞. ⊢ΗΡΑΚΛΕΙΩΝ· Héraclès nu, debout de face, s'appuyant sur la massue et portant la peau de lion et une corne d'abondance. Dans le champ à g., bucrane. BMC. —, Garr. pl. 101, 40. Grose pl. 29, 18. T.B.
145	6.42	Æ 20	ΑΛΕ· Tête d'Athéna à d., coiffée du casque corinthien à aigrette; derrière, ΕΥ; dessous, Ι· ℞. Héraclès nu, debout à g., tenant la massue et la peau de lion. A g., chouette volant à d. BMC. 39. T.B.
146	6.34	Æ 21	·ΗΡΑΚΛΕΙ··· Tête semblable à g., de style plus tardif. ℞. Héraclès avec massue et peau de lion, debout à d.; Niké volant à g., le couronne. Derrière, ΦΙΛΟ· BMC. 45. T.B. — Collection Earle. Vente à Philadelphie 1912. —
147	6.27	Æ 21,5	⊢ΗΡΑΚΛΕΙΩΝ· Tête d'Athéna à d., coiffée du casque corinthien à aigrette, orné d'un hippocampe. Derrière, ⊢Η· ℞. Héraclès nu debout à g. devant un autel; il tient un vase à une anse, la massue et la peau de lion; à d., un foudre. BMC. 48. Superbe.
			Laos
148	7.65	Æ 22	*550-500.* ΛΑF·· Taureau à tête humaine, debout à d., détournant la tête. Base de grènetis entre deux lignes. Grènetis au pourtour. ℞. Le même taureau en creux, tourné à g. Cercle barbelé au pourtour. BMC. 1. Bab. pl. 68, 1. De toute rareté et d'une très belle conservation. — Collection F. S. Benson. Vente à Londres 1909, n° 45. —
149	7.84	Æ 20	ΣΛΑ· Taureau androcéphale debout à g., détournant la tête. A l'ex., un gland. ℞. ΣΛΑ· Taureau androcéphale debout à d. BMC. 3. T.B. — Vente Headlam, Londres 1916, n° 208. —
			Métaponte (Le classement chronologique est fait d'après M. Grose.)
150	8.19	Æ 28	*550-510. Flan large.* ΜΕΤ· Epi de blé. Bande circulaire perlée. ℞. ΤΕΜ· Même type incus. Cercle dentelé. BMC. —. Bab. I, p. 1399, 2062, var. Grose pl. 31, 4. Superbe. — Trouvaille de Tarente 1912. —
151	8.02	Æ 28	ΜΕΤ· Type semblable. Cercle linéaire et perlé. ℞. Même type incus. Cercle dentelé. BMC. 3. Bab. pl. 66, 2. Superbe.

Nos	Poids	Métal et Module	
152	8.18	AR 28	Même type. Cercle perlé ℞. ΜΕΤ· Pareil au précédent. BMC. 4. Gr. pl. 31, 5. Superbe.
153	8.12	AR 27	ΜΕΛΑ· Même type. Cercles linéaire et perlé. ℞. Même type incus. Cercle barbelé. BMC., Car., Bab., Grose —. Superbe.
154	8.13	AR 29.5	ΜΕ-ΤΑ· Même type et mêmes cercles. ℞. Pareil au précédent. BMC. 11. Car. pl. 147, 6. Bab. I, p. 1399, 2061. Superbe.
155	8.11	AR 27	ΜΕΤΑΠ· Même type et mêmes cercles. ℞. Pareil au précédent. BMC. 12. Bab. pl. 66, 1. Superbe.
156	2.67	AR 18	ΜΕΛ· Epi de blé; à d., un grain de blé. ℞. Pareil au précédent. Cf. Car. pl. 147, 12. Très rare. F.D.C. — Collection Paul Mathey. —
157	2.70	AR 18.5	ΜΕΛ· Epi de blé. ℞. Pareil au précédent. BMC. 31. Bab. pl. 66, 6. T.B. — Collection R. Allatini, Londres. —
158	2.66	AR 17.5	ΜΕΤΑ· Epi de blé; à g., une sauterelle, tête en haut. ℞. Pareil au précédent. BMC. 34. Superbe. — Collection R. Allatini, Londres. —
159	0.46	AR 10	Epi de blé. ℞. Pareil au précédent. BMC. 37. Bab. pl. 66, 8, var. Beau.
160	8.10	AR 20.5	*510-470. Flan épais.* ΑΤΞ·· Même type. Grènetis entre deux cercles. ℞. Semblable au précédent. *Pièce surfrappée sur un didrachme d'Agrigente.* BMC. 21. Bab. pl. 66, 15. T.B.
161	8.07	AR 21	ΑΤΞΜ· Epi de blé; à g., tête de bélier. Grènetis entre deux cercles. ℞. Pareil au précédent. BMC. 27. Bab. pl. 66, 13. T.B.
162	7.74	AR 29	ΑΤΞΜ· Epi de blé; à d., une sauterelle, la tête en bas. ℞. Pareil au précédent. Bab. pl. 66, 10. Superbe. — Collection Earle. Vente à Philadelphie 1912.
163	0.68	AR 12	ΜΕΛ· Epi de blé. Grènetis entre deux cercles. ℞. Tête de taureau de face, type incus. BMC. 40. Bab. I, p. 1403, 2080. Superbe.
164	7.96	AR 19	*400-350.* Tête de femme à g., avec collier; les cheveux ondulés et relevés par une cordelette. ℞. ΤΞΜ· Epi de blé avec feuille à d. Grose pl. 32, 13. Très beau style. Très rare. Superbe. — Collection R. Allatini, Londres. —
165	6.84	AR 20	Tête de femme à g. couronnée d'épis; les cheveux relevés par une cordelette. ℞. ΜΕΤΑ· Epi de blé, sur lequel, à g., grimpe une mante religieuse. BMC. 61. Cat. Jameson n° 274. Légères retouches. T.B.
166	7.75	AR 19	Tête de femme à d., une double bandelette dans les cheveux relevés en queue. ℞. ΜΕΤΑ· Epi de blé, sur lequel, à d., grimpe une sauterelle. BMC. 54. Très beau style. Superbe.
167	7.75	AR 20	Tête de femme à d., les cheveux relevés par une double bandelette croisée. ℞. ΜΕΤ· Epi de blé. BMC. 66. Très beau style. Très beau.
168	7.64	AR 22	Tête imberbe laurée à d., avec une corne et une oreille de bélier; les cheveux retombant en stries. ℞. ·ΕΤ· Epi de blé avec feuille à g. BMC. 67. Comp. 18. Style superbe et flan très large. De toute beauté.
169	7.79	AR 22	Un autre exemplaire semblable, la tête plus petite, les cheveux plus courts. — Collection R. Allatini, Londres. — T.B.

Nos	Poids	Métal et Module	
170	7.86	Æ 20	ΝΙ· · Tête de femme (Niké) à g., les cheveux relevés par une large bandeau orné d'une couronne d'olivier; sous le menton, Σ· ℞. ΜΕΤΑ· Epi de blé, avec feuille à d. Cat. Jameson n° 279. T.B.
171	7.24	Æ 21	Tête de femme à d., les cheveux relevés dans une sphendone, le dos de la tête recouvert d'un voile. ℞. ΜΕΤΑ-ΠΟ· Epi de blé. Cat. Jameson n° 280. Très rare. T.B.
172	7.70	Æ 18	Tête de jeune Dionysos à d., couronnée de lierre, les cheveux relevés; sur la tranche du cou, ΠΟΛΥ· ℞. ΜΕΤΑ· Epi de blé avec feuille à g.; en haut à g., feuille de lierre. BMC. 93. Superbe. — Collection Sir H. Weber, n° 762. —
173	7.69	Æ 21	Tête d'Apollon laurée à d., les cheveux retombant sur la nuque. Sur la tranche du cou, ΑΠΟΛ· ℞. ΜΕΤΑ· Epi de blé avec feuille à d. BMC. 94, var. Cat. Jameson n° 300. T.B. -- Catalogue Hirsch XXVI, n° 249. —
174	6.50	Æ 20	Tête dionysiaque à g., les cheveux retombant sur la nuque et serrés sur le front par un stéphanos orné d'une grecque et surmonté de feuilles de lierre. Sous la tranche du cou, ·Π·· ℞. ΜΕ·· Epi de blé avec feuille à g. BMC. 91. Très beau.
175	1.09	Æ 11.5	Tête de Zeus Ammon barbue, laurée et cornue à d., les cheveux courts. ℞. Epi de blé avec feuille à d.; dessus, trépied; à g., ΛΕ· BMC. 155. T.B.
176	15.87	Æ 26	*350-330.* Tête barbue de Leucippe à d., coiffée d'un casque corinthien. Derrière, protomé de lion, bondissant à d., et ΑΠΗ· ℞. ΜΕΤΑΠΟΝΤΙΝΩΝ· Epi de blé avec feuille à g.; dans le champ à g., une massue; dessous, ΑΜΙ· BMC. 75 var. Car. pl. 155, 104. Comp. 19. Très rare. T.B. — Vente à Paris 1908, n° 61.
177	7.85	Æ 21	Même tête à d. Derrière, tête de lion à d. ℞. ΜΕΤΑ· Pareil au précédent. BMC. 76: Superbe.
178	7.91	Æ 19	Un deuxième exemplaire, la tête de Leucippe plus petite. Superbe.
179	7.67	Æ 20.5	ΛΕΥΚΙΠΠ•Σ· Même type; derrière, un lévrier assis à g.; sous le cou, Σ· ℞. ΜΕΤΑ· Epi de blé avec feuille à d., sur laquelle est perché un oiseau. BMC. 79. Très beau.
180	7.95	Æ 20	Tête de femme à d.; parée de bijoux et voilée; dans les cheveux ondulés et relevés une couronne d'épis. ℞. ΜΕΤΑ· Epi de blé avec feuille à g., sur laquelle est une souris; dessous, Φ· BMC. 122. Comp. 20. Très beau style. De toute beauté.
181	7.64	Æ 20	Un autre exemplaire semblable d'un dessin différent. Superbe.
182	7.85	Æ 19	Tête semblable. ℞. Même légende et même type. Dans le champ à g., un trépied; à d., ΠΡΟ· BMC. 121. Très beau.
183	7.89	Æ 21	Tête de femme à g., parée de bijoux, les cheveux relevés et couronnés d'épis. Grènetis. ℞. ΜΕΤ· Epi de blé avec feuille à d. Dans le champ à g., un caducée et ΑΥ· BMC. 118. Très beau.
184	7.93	Æ 21	ΜΕ-ΤΑ· Exemplaire semblable au précédent. Très beau. — Collection F. S. Benson, vente à Londres 1909, n° 63. —

Nos	Poids	Métal et Module	
185	7.43	AR 22.5	*330-300.* Tête de femme à d., parée de bijoux, un large bandeau dans les cheveux relevés, ondulés sur le front et en chignon sur la nuque. Derrière, ΚΡΙ· ℞. ΜΕ· Epi de blé avec feuille à d.; dans le champ à g., Σ· Grose pl. 34, 4. De toute rareté. Superbe. — Catalogue Hirsch, XXXII, no 66. —
186	7.78	AR 22	Tête de femme à d., parée de bijoux, les cheveux, ondulés sur le front, relevés dans une sphendone. Derrière, Τ· ℞. ΜΕΤΑ· Epi de blé avec feuille à d. Dans le champ à d., Α· Cf. Grose pl. 34, 7. Superbe.
187	7.90	AR 20.5	Tête de femme à d., parée de bijoux; une couronne de myrtes dans les cheveux ondulés et relevés. ℞. ΜΕΤΑ· Epi de blé avec feuille à g. Dans le champ à g., une grenade. Cf. Grose pl. 34, 8. T.B. — Catalogue Hirsch XXVI, no 275. —
188	7.72	AR 20	Tête de femme à d., parée de bijoux; les cheveux richement ornés et relevés par une bandelette. ℞. ΜΕΤΑΠ· Epi de blé; à d., une poire (hors du flan. Cat. Jameson no 297. Superbe.
189	7.86	AR 22	Tête de femme à g., parée de bijoux; les cheveux richement ornés et relevés, ℞. ΜΕΤ (sur une tablette saillante). Epi de blé; dans le champ à d., ⊢ΗΡ· Car. pl. 148, 36. Très beau style. Très rare. Très beau.
190	7.94	AR 20	Tête de femme à g. parée de bijoux; les cheveux relevés dans une sphendone étoilée, dont s'échappent quelques mèches. Grènetis. ℞. ΜΕΤΑ· Epi de blé. Dans le champ à g., murex. BMC. 71. Comp. 18. Superbe. — Ancienne collection Rhousopoulos, Cat. Hirsch XIII, no 143. —
191	7.64	AR 21	Tête de femme à g. parée de bijoux; les cheveux relevés. Grènetis. ℞. ΜΕΤΑ· Epi de blé avec feuille à g. Dans le champ à g., canthare. Grose pl. 34, 13. Beau.
192	7.60	AR 21	Tête de femme à g., parée de bijoux, voilée et couronnée d'épis, entre deux épis (dont un hors du flan) poussant du sol. ℞. ΜΕΤΑ· Epi de blé avec feuille à d. En bas à g., ΠΡΟ; à d., casque corinthien à aigrette. Cf. notre catalogue IV, no 80. Très rare. Beau.
193	7.87	AR 20.5	Tête de femme à g., parée de bijoux, avec couronne d'épis dans les cheveux retombant sur la nuque. ℞. ΜΕΤΑ· Epi de blé avec feuille à g.; au-dessus, alabastron; dessous, ΦΙ (?). BMC. 114. Superbe. — Catalogue Hirsch XXVI, no 261. —
194	7.90	AR 20	Tête semblable, plus petite et d'un dessin différent. ℞. Semblable au précédent; à g., des tenailles et ΘΑ· BMC. 106. Superbe.
195	7.94	AR 20	Autre exemplaire semblable. Superbe. — Ancienne collection Sangorski. —
196	7.55	AR 21.5	Tête semblable, d'un style différent. Derrière, Δ (?). ℞. ΜΕΤΑ· Epi de blé avec feuille à d.; dessus, une quenouille (?). Cf. Car. pl. 152, 74. Très beau.
197	7.94	AR 20.5	Tête semblable à d. ℞. ΜΕΤΑ· Epi de blé avec feuille à d.; dans le champ à d., une charrue et ΜΑΧ· BMC. 96. Superbe.
198	7.91	AR 21	Tête semblable d'un dessin différent. ℞. ΜΕΤΑ· Epi de blé avec feuille à d.; dans le champ à d., une étoile; à g., ΑΥ· BMC. 102. Superbe.

Nos	Poids	Métal et Module	
199	1.04	AR $^{11.5}$	Tête d'Athéna à d., coiffée du casque corinthien. ℟. **META·** Epi de blé avec feuille à d.; dans le champ à d., corne d'abondance. BMC. 163. Très beau.
200	3.43	AR ^{19}	*212-207*. Tête d'Athéna à d., coiffée du casque corinthien à aigrette. ℟. **META·** Epi de blé avec feuille à d., sur laquelle est perchée une chouette à d., les ailes éployées. Garr. pl. 104, 18. Grose, pl. 35, 11. Superbe.
			Poseidonia
201	7.51	AR $^{29.5}$	*540-480*. **MOΓ·** Poseidon nu, marchant à d., brandissant le trident; la chlamyde passée sur le dos et les bras. Cercle cordelé. ℟. **MOꓶ·** Même type incus à g. Cercle dentelé. BMC. 1. Bab. pl. 68, 13. Superbe. — Ancienne collection Billoin, Paris 1886, no 108. —
202	7.29	AR ^{29}	**ΓOM·** Même type. ℟. Pareil au précédent. BMC. 6. Bab. pl. 68, 14, var. Superbe.
203	7.53	AR ^{30}	Un autre exemplaire d'un dessin différent. Superbe.
204	7.53	AR ^{28}	Un autre exemplaire semblable. Bab. pl. 68, 12. Superbe.
205	3.68	AR ^{20}	**ΓOM-E·** Même type de Poseidon. Double cercle de grènetis. ℟. **Ǝ·MOꓶ·** Même type incus à g. Cercle dentelé. Bab. pl. 68, 17. Superbe.
206	0.47	AR ^{10}	Même type. ℟. Lisse (?). BMC., Bab., Car., etc. —. B.
207	8.06	AR ^{22}	*470-400*. **ΓΟΣΕΙΔΑΝ·** Poseidon nu, marchant à d., brandissant le trident; la chlamyde passée sur le dos et les bras. Derrière, un dauphin à d. Grènetis. ℟. **ΓΟΣΕΙΔΑΝΙ·** Taureau marchant à g.; à l'ex., dauphin à g. BMC. 40. De toute beauté. — Vente Hirsch XXVI, no 279. —
208	0.41	AR $^{8.5}$	Même type de Poseidon; derrière, branche d'olivier. ℟. **ΓΟΜ·** Taureau à d. Cercle incus. BMC. 47, var. Beau.
209	0.38	AR $^{6.5}$	Même type de Poseidon. ℟. **ΓΟ·** Taureau à g. BMC. 59. A.B.
			Siris et Pixus
210	7.84	AR ^{29}	*Vers 560*. **ΟΜ** (en haut) **ΜΣΡΙΣΜ** (à l'ex.) (Σιρῖνος). Taureau debout à g. sur une ligne de grènetis, détournant la tête. Grènetis entre deux cercles. ℟. **ΧVꓶ** (Πυξ). Même type à d., incus. Cercle dentelé. BMC. 2. Bab. 67, 1. De toute rareté. Superbe. — Collection « Late Collector », Londres 1900. —
			Sybaris
211	7.98	AR ^{31}	*Vers 560*. **VM** (à l'ex.). Taureau debout à g., détournant la tête. Grènetis entre deux lignes. ℟. Même type incus à d. Cercle dentelé. BMC. 1. Bab. pl. 67, 5. F.D.C.
212	7.30	AR ^{29}	Un autre exemplaire, le taureau plus petit. F.D.C.
213	7.86	AR ^{28}	Un autre exemplaire semblable. Superbe.
214	8.35	AR $^{30.5}$	**ΥΜ** (en haut). Même type. ℟. Pareil au précédent. BMC. 5. Bab. pl. 67, 6. T.B.

Nos	Poids	Métal et Module	
215	2.64	Æ 19	VM (à l'ex.). Même type. ℟. Pareil au précédent. BMC. 10. Bab. pl. 67, 8. T.B.
216	2.20	Æ 10	*453-448*. Poseidon debout à d., brandissant le trident (type de Poseidonia). ℟. VM· Taureau debout à g. A l'ex., cinq globules. BMC. 22, var. Car. pl. 165, 15. B.
217	2.17	Æ 10,5	VM· Type semblable au précédent. ℟. Oiseau debout à g. BMC. 18. B.
			Thurium
218	7.90	Æ 20	*425-400*. Tête d'Athéna à d., coiffée du casque athénien, orné d'une couronne d'olivier. ΘΟΥΡΙΩΝ· Taureau marchant à d. A l'ex., thon à d. BMC. 7. Très beau style. Superbe. — Collection Sir Guy Laking. —
219	7.78	Æ 21,5	Tête semblable; en haut à d., Φ· ℟. ΘΟΥΡΙΩΝ· Taureau marchant à g., sous le ventre, un petit oiseau qui s'envole. A l'ex., thon à g. BMC. 14. T.B.
220	1.18	Æ 12,5	Même type; en haut à d., A· ℟. ΘΟΥΡΙ· Taureau marchant à g. BMC. 23. Style et conservation superbes. — Collection R. Allatini. —
221	15.74	Æ	*400-350*. Tête d'Athéna à d., coiffée du casque athénien, orné d'un Scylla; sous le menton ·.·· ℟. ΘΟΥΡΙΩΝ· Taureau fonçant à d. BMC. etc. — Très beau style. Très beau. — Collection « Late collector », Londres 1900. —
222	15.77	Æ 23,5	Même tête d'Athéna. ℟. Même légende et même type. A l'ex., thon à d. B.M.C. 26. T.B.
223	15.46	Æ 28,5	Même tête d'Athéna à g. Derrière, Δ· ℟. Même légende et même type. Car. pl. 166, 9. Flan très large. Beau style. Très beau.
224	7.68	Æ 19	Tête d'Athéna à d., coiffée du casque athénien, orné d'un griffon. ℟. ΘΟΥΡΙΩΝ· Taureau *marchant* à g. (même revers que la série précédente). BMC. — Garr. pl. 106, 17. Très rare. T.B.
225	7.63	Æ 19	Tête d'Athéna à d., coiffée du casque athénien, orné d'un Scylla (le corps nu, collier au cou, les cheveux flottants, levant la main g.). ℟. ΘΟΥΡΙΩΝ· Taureau fonçant à d. A l'ex., thon à d., d'un dessin très soigné. BMC. 51. Comp. 24. Style et conservation superbes. Pièce dont les détails sont d'une exécution artistique tout à fait remarquable. — Collection Michel P. Vlasto. —
226	7.68	Æ 18	Autre exemplaire semblable, d'un style différent; la tête d'Athéna un peu plus petite. T.B.
227	7.89	Æ 21	Autre exemplaire semblable, d'un style différent. BMC. 53. T.B.
228	7.95	Æ 21	Autre exemplaire semblable; Scylla tient une rame. BMC. 55. Superbe.
229	7.88	Æ 20	Autre exemplaire semblable; Scylla brandissant un trident. BMC. 57. Superbe.
230	7.81	Æ 22,5	Même type d'Athéna de très joli style. ℟. Semblable au précédent. Le taureau sur une base méandroïde. BMC. — Flan très large. De toute beauté. — Catalogue Hirsch XXVI, n° 289. —

Nos	Poids	Métal et Module	
231	15.25	Æ 24.5	*350-281.* Tête d'Athéna à d., parée de bijoux, coiffée du casque athénien à aigrette, orné d'un griffon bondissant à d. Derrière, **ℶ** (?). ℞. Taureau fonçant à d. A l'ex., une inscription en partie effacée et dont on peut lire encore **HP····AK·** Cf. BMC. 47. Superbe.
232	14.72	Æ 26	Tête semblable d'Athéna; la Scylla lance une pierre. ℞. **ΘΟΥΡΙΩΝ·** Même type de taureau. Au-dessus, **ΣΙ·** A l'ex., thon à d. BMC. 44, var. Superbe.
233	8.04	Æ 19	Même tête d'Athéna. ℞. **ΘΟ·····** Même type de taureau. Au-dessous, **ΘE** ; à l'ex, foudre. BMC. 77. De toute beauté. — Collection R. Allatini. —
234	7.99	Æ 19.5	Même type d'Athéna; sur le couvre-nuque, trois étoiles. Grènetis. ℞. Pareil au précédent, mais à l'exergue, une étoile. BMC. 80, var. Très beau style. Superbe.
235	7.34	Æ 20	Même type d'Athéna; sur le couvre-nuque, **ΣΩ**; derrière, **Λ·** ℞. Même légende et même type de taureau; au-dessus, **ΣΩ**; entre les jambes, **Ξ-E**; à l'ex., deux dauphins se rencontrent. BMC. 93, var. Superbe.
236	6.57	Æ 21	*281-268.* Tête laurée d'Apollon à d., les cheveux retombant sur la nuque. Sous la tranche du cou, **ΕΥ·** ℞. **ΘΟΥΡΙΩΝ** (à l'ex.). Taureau fonçant à d., la tête de face. En haut, **ΣΟΙ·** Macdonald, Hunterian collection I, pl. III, 82. Très joli style. Très rare. De toute beauté.
237	5.95	Æ 20	Même tête de style différent. ℞. **·ΟΥ-ΡΙΩΝ** (à l'ex.) de part et d'autre d'un trépied. Même type de taureau. En haut, **Α-Λ·** Car. pl. 106, 25. Superbe. — Collection Sir H. Weber, nº 901. —
238	1.15	Æ 11	Tête d'Athéna à d.; sur la calotte, une aile; devant, une étoile. ℞. **··ΥΡΙΩΝ** (à l'ex.) Taureau fonçant à d. Niké volant dessus à d., le couronne. BMC. 122, var. Superbe.
			Vélia (*Hyélé*)
239	3.81	Æ 15	*540-500.* Protomé de lion à d., dévorant un cuisseau de cerf. ℞. Carré creux quadripartit. Bab. pl. 68, 4. T.B.
240	8.—	Æ 19	*500-450.* Lion rugissant, courant à d. En haut **B·** Grènetis. ℞. **ΥΕΛΗ·** Tête de la nymphe Vélia à d., un bandeau dans les cheveux, relevés sur la nuque. Collier de perles. BMC. 2. Bab. pl. 68, 11. De toute beauté. — Collection Paul Mathey. —
241	4.02	Æ 15	Tête de nymphe à d., un bandeau dans les cheveux relevés en chignon. ℞. **ΗΛΞΥ·** Chouette debout à g. sur une branche d'olivier. Devant, **Ж·** BMC. 11. Très beau.
242	3.93	Æ 17	Tête semblable, parée de bijoux, une cordelette dans les cheveux relevés en chignon sur la nuque, ondulés sur le front. Derrière, **Π·** ℞. Même légende et même type. BMC. 14. Superbe.
243	7.45	Æ 19	*450-400.* Tête de nymphe à d., un bandeau perlé dans les cheveux relevés sur la nuque et liés par une double cordelette. ℞. **ΥΕΛΗΤΕΩΝ·** (à l'ex.) Lion courant à d. En haut, chouette volant à g. BMC. 6. Très beau style. Très beau.

Nos	Poids	Métal et Module	
244	7.65	AR 22	*400-268*. Tête d'Athéna à g., coiffée du casque athénien à aigrette, orné d'une couronne d'olivier. ℟. ΥΕ-ΛΗ-ΤΕΩ-Ν· Lion dévorant un cerf à d. Cf. BMC. 36, et cat. Pozzi 243. Comp 26. D'une finesse de style et de dessin tout à fait remarquables. Très rare. Superbe. — Collection Michel P. Vlasto. —
245	7.70	AR 20,5	Tête semblable d'Athéna; le casque orné d'une couronne d'olivier et d'un griffon, le couvre-nuque d'une feuille d'acanthe. ℟. Même légende et même type. Garr. pl. 119, 15. Comp. 25. Beau style. Superbe. — Collection Sir H. Weber, Londres, n° 926. —
246	7.66	AR 21	Même tête d'Athéna; derrière, Φ· ℟. Pareil au précédent. BMC. 39. Superbe.
247	7.42	AR 20	Tête d'Athéna à g., coiffée du casque phrygien, orné d'une centauresse. Derrière, ϡΕ· ℟. ΥΕΛΗΤΩΝ· Lion debout à g., dévorant une proie; en haut, Α; sous le lion, ϡΕ· BMC. 74. Très beau.
248	7.55	AR 22	Même type d'Athéna, le casque orné d'un griffon. Derrière, Θ· ℟. ΥΕΛΗΤΩΝ· Lion debout à g., dévorant une tête de bélier. En haut, une sauterelle, entre Φ-Ι· BMC. 90. Superbe.
249	7.53	AR 22	Tête d'Athéna à g., coiffée du casque athénien ailé. Derrière, Κ· ℟. ΥΕΛΗΤΩΝ· Lion marchant à g. En haut, triskèle à pieds ailés entre Φ-Ι· BMC. 95. Très beau style. De toute beauté. — Collection Paul Mathey. —
250	7.34	AR 22	Même tête d'Athéna à d., le casque ailé, orné d'une couronne d'olivier. Derrière, ΑΗ; sous le menton, Φ· ℟. Même légende et même type à d. Sous le lion, Γ; en haut, un épi de blé entre Φ-Ι· BMC. 96, var. De toute beauté. — Collection F. S. Benson. Vente à Londres 1909, n° 89. —
251	7.57	AR 21	Même tête d'Athéna à g.; le casque orné d'un dauphin; sur le couvre-nuque, Φ· ℟. Même légende et même type. Sous le lion, un globule; en haut, trident entre Φ-Ι· BMC. 100. Superbe.
252	7.23	AR 20,5	Même tête d'Athéna à g.; le casque orné d'un griffon. ℟. Même légende et même type. En haut, pentalpha entre Φ-Ι· BMC. 102. T.B.
253	6.65	AR 22	Tête semblable à g. Sur le couvre-nuque, Φ; derrière, ΑΡ· ℟. Même tête et même légende. En haut, un caducée, orné de bandelettes. BMC. 105. De toute beauté.
254	7.48	AR 21	Tête semblable. Le couvre-nuque, orné d'une feuille d'acanthe; derrière ΙΕ; en haut à g., Α· ℟. Lion dévorant un cerf à g. BMC. 111. Très beau.

BRUTTIUM

Les Bruttii

Nos	Poids	Métal et Module	
255	4.19	AV 26	*282-203*. Tête de Poseidon barbue diadémée à g. Derrière, un trident; sur la tranche du cou, bucrane. Grènetis. ℟. ΒΡΕΤΤΙΩΝ· Thétis voilée et drapée, assise à g. sur un hippocampe nageant à d. Elle tient sur ses genoux un Eros debout à g., tirant de l'arc. Dans le champ à d., une abeille. Grènetis. BMC. 1. Comp. 27. Extrêmement rare. T.B. — Collection Th. Prowe, Moscou: vente à Vienne 1912, n° 218. —

N°s	Poids	Métal et Module	
256	2.09	AV 13,5	Tête d'Héraclès barbue à g., coiffée de la peau de lion; derrière, une massue; sous le cou, Γ· Grènetis. ℞. BPETTIΩ·· Niké conduisant un bige au galop à d. Sous les chevaux, serpent à d. Grènetis. BMC. 6. Comp. 28. De toute rareté et de toute beauté. F.D.C. — Ancienne collection Consul Ed. F. Weber, Hambourg. Cat. Hirsch XXI, n° 428.
257	5.48	AR 21,5	Bustes accolés, drapés à d., des Dioscures, coiffés de pilos laurés. Au-dessus, deux étoiles; derrière, corne d'abondance. Grènetis. ℞. BPETTIΩN· Deux cavaliers (les Dioscures) nus sauf de la chlamyde flottant, au galop à d. portant chacun une palme; sous les chevaux, un javelot. Cercle linéaire. BMC. 8. Comp. 29. De toute rareté. Très beau. — Collection Sir H. Weber, n° 953. —
258	4.86	AR 19	Tête voilée de Thétis (?) à d., coiffée du calathos. Sur l'épaule un sceptre. Derrière, un dauphin. Grènetis. ℞. BPETTIΩN· Zeus nu, lauré à g., posant le pied d. sur un chapiteau et s'appuyant sur un sceptre; à g., un crabe. Grènetis. BMC. 11. Superbe. — Vente Earle, Philadelphie 1912. —
259	4.49	AR 20,5	Même droit; derrière la tête, une abeille. Grènetis. ℞. Même légende et même type. Dans le champ à g., aigle tenant une couronne dans ses serres, volant à g. Grènetis. BMC. 14. Flan très large. Superbe.
260	4.83	AR 20	Buste de Niké à d., les cheveux relevés et liés en chignon; derrière, bucrane. Grènetis. ℞. BPETTIΩN· Homme nu, cornu, debout de face, se couronnant, portant sa chlamyde sur le bras et tenant un sceptre. A d., thymiatérion et E (?). BMC. 19. Superbe.
261	2.32	AR 16	Tête d'Apollon laurée à d. Derrière, une enclume. Grènetis. ℞. BPETTIΩN· Artémis chasseresse, tenant une torche allumée et une flèche, accompagnée de son chien, marchant à g. Dans le champ à g., un croissant. Grènetis. BCM. 32. Superbe. — Vente Earle, Philadelphie 1912.
262	2.31	AR 16	Tête d'Athéna à d., coiffée du casque corinthien à aigrette, orné d'un griffon. Derrière, une chouette. Grènetis. ℞. BPETTIΩN· Aigle, battant des ailes, debout à g. Derrière, un gouvernail. Grènetis. BMC. 34. Superbe. — Vente Earle, Philadelphie 1912. —

Caulonia

N°s	Poids	Métal et Module	
263	8.01	AR 26	*550-480*. OΛVAK· Apollon Catharsios nu, debout à d., tenant de la main d. un rameau lustral et portant sur le bras g. une petite figure nue courant à d., portant deux rameaux; devant, sur une base, un cerf debout à d. regardant vers le dieu. Cordelette perlée. ℞ OΛVAK· Même type incus à g. Cerclé dentelé. BMC. 1. Bab. pl. 71, 4. Superbe.
264	7.83	AR 29,5	KAYΛ· Même type; dans le champ entre le dieu et le cerf, O· ℞. Type pareil au précédent. BMC. 7. Superbe.
265	7.88	AR 30	Autre exemplaire semblable. BMC. 8. Bab. pl. 70, 15. Superbe.
266	7.86	AR 21,5	*480-388*. KAV· Type semblable au précédent. Cordelette perlée. ℞. Cerf debout à d. BMC. 17. T.B.

Nos	Poids	Métal et Module	
267	7.96	AR 21	KAVΛ· Même type. Cercle linéaire. ℟ ΛVAꓘ· Cerf debout à d. Devant, un plant d'olivier. Grènetis. BMC. 20. T.B.
268	8.45	AR 22	VAꓘ· Type semblable; entre les jambes du dieu, T· Grènetis. ℟. VAꓘ· Cerf debout à d., sous le ventre, T· Devant, un plant d'olivier. Cercle creux. BMC. etc. — Style *mixobarbari*. T.B.
269	7.83	AR 22	KAVΛ· Type semblable. ℟ KAVΛ-O· Cerf debout à g. Grose, pl. 51, 2. Beau.
270	2.30	AR 12,5	KAV· Type semblable. ℟. VAꓘ Cerf debout à d. Au-dessous, un globule; devant, un plant d'olivier. Grènetis. BMC. 38. Beau.
271	7.76	AR 24	Homme nu imberbe debout à d., tenant un rameau lustral et portant sur le bras g. étendu une guirlande nouée. Derrière, ɸ (fibule). Grènetis. ℟. KAYΛO-NIATAM· Cerf debout à d. sur une base perlée. BMC. 27. Très beau.
			Crotone
272	7.82	AR 28	*550-480*. ϘPO· Trépied sur une base, surmonté de la cortine avec ses anneaux, et d'où émergent deux têtes de serpents. Cercle cordelé. ℟. Trépied incus. Cercle dentelé. BMC. 1. Bab. pl. 69, 7. Très beau.
273	8.09	AR 27,5	Autre exemplaire semblable. Cercle perlé entre deux cercles linéaires. Bab. pl. 69, 8. Superbe.
274	7.93	AR 29	ϘꟼO· Même trépied; dans le champ à d., un crabe. ℟. OꟼϘ· Même trépied incus; à g., un crabe. BMC. 5. Bab. pl. 69, 9. Comp. 31. Très beau.
275	7.81	AR 26	OꟼϘ· Trépied. A g., un crabe. Cercle perlé entre deux cercles linéaires. ℟. OꟼϘ· Trépied incus; à g., une lyre. Cercle dentelé. Bab. pl. 69, 10. Très rare. Beau.
276	8.04	AR 21	Même légende et même type sur flan épais. Cercle perlé. ℟. ϘꟼO· Trépied incus. A d., un dauphin, la tête en haut. BMC. 8. Bab. I, 2151 (d'après Garr. pl. 108, 30). Très rare. Très beau.
277	7.90	AR 22,5	ϘPO· Trépied. A g., cigogne debout à d. Cercle perlé entre deux cercles linéaires. ℟. Trépied incus. Cercle radié. BMC. 20. Superbe.
278	7.69	AR 25	ϘꟼO-TO· Trépied. Cercle perlé entre deux cercles linéaires. ℟. Aigle en creux, les ailes éployées, volant à d. Cercle radié. BMC. 33. Superbe.
279	7.93	AR 18	*480-420*. Trépied. Cercle perlé. ℟. ϘPO· Trépied en relief. Cercle perlé. BMC. 44. Flan très épais. Beau.
280	7.66	AR 21	ϘPO· Trépied. A g. dans le champ, canthare. ℟. DA· Trépied; à d. dans le champ, thymiatérion. Grènetis. BMC. 47. Très rare. Très beau. — Crotone en alliance avec Zanclé (?). — — Collection Headlam, vente à Londres 1916, nº 205. —
281	7.73	AR 20	*420-390*. ϘPOT· Aigle debout à g. sur un chapiteau ionien. Grènetis. ℟. ϘPO· Trépied. A g., grain d'orge. BMC. 63. Comp. 32. De toute beauté. — Collection R. Allatini, Londres. —
282	8.05	AR 22,5	Aigle debout à g., détournant la tête, perché sur une tête de cerf. Cercle linéaire. ℟. ϘPO· Trépied; à g., feuille de lierre. Cercle linéaire. BMC. 68. Comp. 33. Superbe.

Nos	Poids	Métal et Module	
283	7.44	Ꭱ 21	Aigle debout à d., détournant la tête, sur une architrave de temple. A. d., tête d'antilope. Cercle linéaire. ℞. ϘΡΟ· Trépied, à g., pousse et baie de laurier. Cercle linéaire. BMC. 70. De toute beauté.
284	7.94	Ꭱ 21.5	Aigle debout à g., les ailes éployées, tenant un serpent dans ses serres, qu'il dévore. ℞. ϘΡΟ· Trépied; à d., un épi de blé. BMC. 73. Très rare. Superbe.
285	7.84	Ꭱ 21	Aigle debout à d., levant la tête; les ailes éployées. Cercle linéaire. ℞. ϘΡΟ· Trépied. A g., une feuille de laurier. Cercle linéaire. BMC. 74. Comp. 34. De toute beauté.
286	1.26	Ꭱ 11.5	ΟϘϘ· Trépied. A d., épi de blé (?). Grènetis. ℞. Pieuvre. BMC. 49. Beau.
287	1.16	Ꭱ 11	ΟϘϘ· Trépied. ℞. Q au-dessous du pégase volant à g. BMC. 52. Beau.
288	0.74	Ꭱ 11	ϘΡ· Trépied; à d., une feuille de lierre. Cercle linéaire. ℞. Lièvre courant à d.; en haut et en bas, Ο—Ο· Cercle linéaire. BMC. 60. Beau.
289	7.92	Ꭱ 23	Tête d'Héra Lakinia presque de face, les cheveux flottants, coiffée d'un stéphanos orné de palmettes; collier de perles autour du cou; dans le champ à d., Β· Cercle linéaire. ℞. ΚΡΟΤΩΝΙ-ΑΤΑΣ· Héraclès nu, à g., se reposant sur un rocher, couvert de la peau de lion, tenant de la main d. un petit vase, la main g. sur la massue, posée debout auprès de lui; à côté, l'arc. BMC. 93. Comp. 35. Pièce d'un style ravissant. De toute beauté. Un des plus beaux exemplaires connus. — Catalogue Hirsch XXVI, n° 331. —
290	7.78	Ꭱ 22	Tête d'Héra Lakinia, comme ci-dessus, de très beau style. ℞. Même légende et même type comme ci-dessus. Dans le champ à g., Β· BMC. 95. Très beau.
291	7.22	Ꭱ 23	Aigle debout à d., les ailes éployées, levant la tête et tenant dans ses serres un lièvre renversé. Dans le champ à g., une lettre indistincte. Grènetis. ℞. ΚΡΟ· Trépied. A d., une cigogne debout à g., la jambe levée. Cercle linéaire. Champ concave. BMC. 77. Très beau. — Collection Headlam, vente à Londres 1916, n° 226. —
292	8.05	Ꭱ 22.5	Aigle, les ailes éployées, perché à g. sur un rameau d'olivier. Grènetis. ℞. Pareil au précédent. Dans le champ à d., au-dessous de la cigogne, Δ· BMC. 78. Superbe.
293	7.88	Ꭱ 24	Type d'aigle, semblable au précédent. ℞. ΚΡΟ· Trépied; à d., Δ· BMC. 88. Superbe. — Collection H. C. Hoskier. Catalogue Hirsch XX, n° 82. —
294	7.85	Ꭱ 21	Un deuxième exemplaire de coin différent. Très beau.
295	7.55	Ꭱ 20	*Vers 390.* ΚΡΟΤΩΝΙΑ-ΤΑΣ· Tête d'Apollon laurée à d., les cheveux retombant sur la nuque. Grènetis. ℞. Héraclès enfant assis à terre de face. Il regarde à g. et étrangle deux serpents. BMC. 96. Superbe. — Ventes Maddalena, Paris 1903, n° 520, et Maxime Collignon, Paris 1919, n° 62. —
296	7.94	Ꭱ 19	Même légende et même tête d'Apollon, mais plus grande et d'un style plus beau. Grènetis. ℞. Même type d'Héraclès enfant, de dessin plus fin et plus soigné. Cercle creux. BMC. 97. Comp. 36. De toute beauté. — Collection R. Allatini, Londres. —

Nos	Poids	Métal et Module	
297	7.39	AR 22	*370-330.* Tête laurée d'Apollon à d., de très joli style, les cheveux retombant sur la nuque. ℞. ΚΡΟ· Trépied; à g., branche d'olivier enguirlandée. BMC. 98. Superbe.
298	7.48	AR 22	Même droit. ℞. Type pareil au précédent; la branche d'olivier enguirlandée à d. BMC. 100. Très beau style. Superbe. — Ancienne collection Sangorski. —
299	7.73	AR 20	*330-299.* ΚΡΟΤΩΝΙΑΤΩΝ· Aigle, les ailes éployées, perché à g. sur un rameau d'olivier. Cercle linéaire. ℞. Trépied enguirlandé avec la cortine; à g., épi de blé; à d., monstre Python dressé à g. Cercle linéaire. BMC. 83. Beau.
300	1.03	AR 22	ΚΡΟΤΩ· Tête d'Athéna à d., coiffée du casque corinthien à aigrette. ℞. ΟΙΚΙΣΤΑΣ· Héraclès vêtu de la peau de lion, debout à d., s'appuyant des deux mains sur sa massue. Derrière, ⊙· BMC. 108. Superbe. — Ancienne collection Sangorski. —
301	6.23	AR 21	*280-277.* Aigle debout à d., détournant la tête, tenant un foudre dans ses serres. En haut, Φ-Ι; à d., terme d'Hermès barbu à g., tenant une patère et un caducée. ℞. ΚΡΟ· Trépied; à g., Niké volant à d., le couronne. Cat. Jameson nº 431. Grose pl. 55, 10. Comp. 37. Très rare. De toute beauté. — Collection Michel P. Vlasto. —
302	6.53	AR 20	Même type d'aigle. Dans le champ à g., Κ; à d., couronne de lierre. ℞. ΚΡ· Trépied. Niké dans le champ à d., hors du flan. Grose pl. 55, 11. Superbe.
303	6.92	AR 20	Tête laurée d'Apollon à d., les cheveux retombant sur la nuque. ℞. ΚΡΟ· Trépied. A g., branche d'olivier enguirlandée. BMC. 98. Grose pl. 55, 12. Style rude. Très beau.
			Locres (*Locri Epizephirii*)
304	8.64	AR 21	*Statères corinthiens pour le commerce extérieur. 300-268.* Pégase bridé volant à g. Au-dessous, un foudre. ℞. ΛΟΚΡΩΝ· Tête d'Athéna Chalinitis à g., coiffée du casque corinthien muni du couvre-nuque. Champ concave. BMC. (Corinthe) p. 94, 14. Superbe.
305	8.51	AR 21	Pégase volant à g. ℞. ΛΟΚΡΩΝ· Même tête d'Athéna à d. BMC. — Très beau.
306	7.67	AR 22	*Monnayage italiote pour le commerce intérieur. 332-326.* Tête laurée de Zeus à g. ℞. Aigle, les ailes éployées, debout à g., tenant un lièvre renversé dans ses serres. Champ concave. BMC. 6, var. Beau style. Superbe.
307	7.51	AR 20.5	ΛΟΚΡΩΝ· Même tête de Zeus. ℞. Pareil au précédent. BMC. 6, var. Très beau style. Superbe. — Vente Earle, Philadelphie 1912. —
308	6.90	AR 22	*300-280.* Aigle les ailes éployées debout à d., tenant un lièvre renversé dans ses serres. ℞. ΛΟΚΡΩΝ· Foudre ailé; dessous, un caducée à g. Grènetis. BMC. 2, var. T.B.

Nos	Poids	Métal et Module	
309	7.11	AR 20	Tête laurée de Zeus Dodonéen à g.; sous la tranche du cou, **A**· Grènetis. ℟. **ROMA-Γ·Σ··Σ** (πιστις). Rome drapée, assise à d., s'appuyant sur un bouclier et tenant un parazonium. Devant elle, la Foi drapée, debout à g., la couronne. A l'ex., **ΛΟΚΡΩΝ**· BMC. 15, var. Comp. 38. Très rare. Très beau. — Ancienne collection Rhousopoulos, Athènes. Cat. Hirsch XIII, n° 234. —
			Mesma (?)
310	8.45	AR 23	*350-300.* Pégase volant à d., ℟. Tête d'Athéna Chalinitis à g., coiffée du casque corinthien muni du couvre-nuque. En haut, dauphin à g.; derrière, **M**· BMC. (Corinthe) p. 97, 1/2 var. Superbe.
			Rhégium
311	17.37	AR 25	*480-466.* Bige de mule (ἀπήνη) à d., sur une ligne perlée, conduit par Anaxilas barbu, assis sur le char. A l'ex., feuille de laurier. Gros grènetis. ℟. **NON-IϽƎЯ**· Lièvre courant à d. Au-dessous, petit globule. Gros grènetis. BMC. 4. Bab. pl. 71, 13. T.B.
312	3.95	AR 16,5	Même description. BMC. 5. Bab. pl. 71, 14. Flan très large. T.B. — Collection Paul Mathey. —
313	17.22	AR 27,5	*466-415.* Masque de lion de face les crins hérissés. Grènetis. ℟. **RECI-N-OƧ**· Iokastos, fondateur traditionnel, barbu, demi-nu, assis à g. sur un escabeau et appuyant la main d. sur un bâton; la main g. posée sur la hanche. Le tout dans une couronne de laurier. BMC. 8. Comp. 40. Style et conservation magnifiques.
314	17.32	AR 28	Masque de lion de face, les crins flottants et partagés au milieu du front. Grènetis. ℟. Type semblable d'Iokastos; il lève la jambe d. pour la croiser; sous l'escabeau, chien assis à g. BMC. 11. Superbe.
315	4.17	AR 20	Même type. ℟. Même type d'Iokastos, les jambes croisées. BMC. 18. Très beau.
316	17.13	AR 24	Masque de lion de face. Grènetis. ℟. **ΡΗΓΙΝΟΝ**· Tête laurée d'Apollon à d., les cheveux relevés; derrière, pousse d'olivier. BMC. 23. Comp. 41. Très haut relief. Style et conservation magnifiques.
317	17.20	AR 23,5	Masque de lion de face, d'une exécution artistique remarquable. Grènetis. ℟. **ΡΗΓΙΝΟΣ**· Même tête d'Apollon, plus petite et plus délicatement dessinée. Sous le menton, trace de signature d'artiste, **ΚΡΑΤ | ΟΠΠΙΣ**; derrière, pousse d'olivier. BMC. 26. De toute rareté. Superbe.
318	4.24	AR 16,5	Même droit. ℟. **ΡΗΓΙΝΟΝ**· Même tête d'Apollon; derrière, pousse d'olivier. BMC. 28. De toute beauté.
319	0.77	AR 19	Même droit. ℟. **ΡΗ**· Pousse d'olivier avec baie. Grènetis. BMC. 30. T.B.
			Térina
320	7.28	AR 25	*450-425.* Tête de nymphe Térina à g., les cheveux ondulés et relevés, ampyx sur le front; au cou, un collier de perles avec pendentif. Au pourtour, une couronne d'olivier. ℟. ···**ΝΑΙΟΝ**· Niké assise à g. sur une hydre renversée, tenant un caducée et une couronne. BMC. 7. K. Regling, Térina, Berlin 1906, n° 9. Comp. 43. Style et conservation superbes.

N°s	Poids	Métal et Module	
321	7.86	AR ^{22}	Autre exemplaire semblable, de style différent. BMC. 5. Reg. 14. Superbe. — Ancienne collection Rhousopoulos, Athènes. Cat. Hirsch XIII, n° 256. —
322	7.41	AR $^{19.5}$	Tête semblable de nymphe d'un style plutôt rude. R/. Niké assise à g. sur un escabeau, tenant une couronne et un caducée. Reg. 14 et 19. Beau.
323	7.38	AR $^{21.5}$	Tête de nymphe à g., les cheveux relevés; sur le front, ampyx orné d'une branche d'olivier; collier avec pendentif autour du cou. R/. **TEPI····** Niké assise à g. sur un cippe très élevé, tenant une couronne et un caducée. Reg. 23. Style et conservation superbes.
324	7.75	AR ^{19}	*420-400.* **·EPINA···** Tête de nymphe à g., parée de bijoux, les cheveux relevés dans une sphendone, ampyx sur le front. Derrière, **Π·** R/. Niké assise à g. sur un cippe, tenant une couronne. En haut, à g. **Γ·** Reg. 56. Très beau.
325	7.53	AR ^{19}	**···NAION·** Même tête de nymphe. Derrière, **Γ·** R/. Niké assise à g. sur un cippe, tenant une baguette à pommeau sphérique. A g., en bas, **Γ·** BMC. 25. Reg. 57. Très beau.
326	7.63	AR ^{21}	**TEPINAION·** Tête de nymphe à d., les cheveux retenus dans une sphendone étroite. R/. Niké assise à g. sur un cippe, tenant une couronne. Devant le cippe, une grenade. BMC. 24. Reg. 69. T.B.
327	7.66	AR ^{19}	**TE-PINAI-ΩN·** Tête de nymphe à g., les cheveux relevés dans une sphendone. Sous le menton, **Γ·** R/. Niké assise à d. sur un cippe et tenant un caducée; derrière, en bas du cippe, **Γ·** Reg. 73. Superbe. — Catalogue Hirsch XXVI, n° 355. —
328	7.58	AR ^{20}	*400-356.* **TEPINAIΩN·** Tête de nymphe à d., les cheveux bouclés et relevés; boucles d'oreilles à trois pendentifs, collier de perles. R/. Niké assise à g. sur un cippe, les cheveux dans une sphendone. Sur le dos de sa main d., un oiseau qui s'envole. Cercle linéaire. BMC. 41. Reg. 83. Comp. 44. Style et conservation magnifiques. — Collection T. W. Barron. —
329	2.43	AR ^{15}	**TE·** Tête de nymphe à d., les cheveux relevés dans une sphendone. R/. **ΦΙΛΙΣΤΙ·** Niké assise à g. sur un cippe; sur le dos de sa main d., un oiseau qui s'envole. BMC. 30. Très beau style. T.B.
330	2.22	AR ^{16}	*Fin du IVe siècle.* **TEPINAIΩN·** Tête de nymphe à g., les cheveux relevés. Derrière, un triskèle. R/. Niké assise à g. sur un cippe, tenant un cygne (?) sur la main d. BMC. 43. Beau.

SICILE

Abacénum

N°s	Poids	Métal et Module	
331	0.68	AR $^{11.5}$	*450-400.* Tête d'homme barbu à d. Grènetis. R/. **ABA·** Sanglier debout à d.; devant, un gland. BMC. 2. Beau.
332	0.68	AR ^{10}	Tête de nymphe presque de face, les cheveux flottants. Grènetis. R/. **ABA·** Laie debout à g., accompagnée de son petit. BMC. 6. Beau.

Agrigente

N°s	Poids	Métal et Module	
333	8.78	AR ^{25}	*550-472.* **AKPAC-ƧOTИA·** Aigle debout à g. R/. Crabe. BMC. 3. Bab. pl. 78, 1. Flan très large et mince. Très beau.

Nos	Poids	Métal et Module	
334	17.15	Æ 25	*472-313.* ΑΚRΑC-ƧΟΤΗΑ· Aigle debout à g. ℞. Crabe. Champ concave. BMC. 39. Bab. pl. 78, 4. T.B.
335	17.13	Æ 25	ΑΚRΑC-ΑΝΤΟΣ· Même type. ℞. Pareil au précédent. Grose n° 2019. Très beau.
336	17.48	Æ 23	ΑΚRΑC-ΣΟΤΗΑ· Aigle debout à g. sur une ligne perlée. ℞. Crabe; au-dessous, grain d'orge et un petit globule. BMC. 40. Beau style et dessin très soigné. Superbe.
337	8.86	Æ 19	ΑΚRΑ· Aigle debout à g. ℞. Crabe. Cercle creux. BMC. 12. Bab. pl. 78, 10. Superbe.
338	8.73	Æ 20	Autre exemplaire semblable, la légende en petites lettres, l'aigle plus petit. Superbe.
339	8.48	Æ 20	ΑΚ· Aigle debout à g. ℞. Crabe; dessous, tête imberbe archaïque à d., les cheveux courts. Cercle creux. BMC. 29. Beau.
340	8.70	Æ 20	ΑΚRΑ· Même type. ℞. Crabe; dessous, ΣΑϽ· Cercle creux. Cf. BMC. 33 et Bab. pl. 78, 11. Superbe.
341	0.88	Æ 11,5	ΑΚ· Aigle debout à g. sur un chapiteau ionien. Grènetis. ℞. Crabe; dessous, une rose. Champ concave. BMC. 48. T.B.
342	1.32	AV 12	*413-406.* ΑΚΡΑ· Aigle debout à g. sur un rocher, dévorant un serpent; sur le rocher, ••. Cercle linéaire. ℞. ΣΙΛΑ | ΣΟΝ· Crabe. BMC. 1. Superbe.
343	17.34	Æ 25,5	Deux aigles debout à d. sur un lièvre renversé. Le plus proche, les ailes repliées, lève la tête en criant; l'autre, au second plan, les ailes éployées, baisse la tête vers la proie. A g., dans le champ, ΣΙΛΑ·ΟΣ· ℞. ···· | ΝΙΤΗΑ, en deux lignes, écrit sur une tablette suspendue au-dessus d'un quadrige, que Niké conduit au galop à g.; une rêne cassée traine à terre. A l'ex., une massue. BMC. 55. Comp. 45. De toute rareté et d'une grande beauté. — Coll. Sir Edward Bunbury, Londres 1896, n° 266, et F. S. Benson, Londres 1909, n° 176. — — Une des plus vigoureuses compositions de l'art glyptique, l'œuvre d'un artiste de la plus haute capacité. —
344	16.63	Æ 26,5	Α-Κ-Ρ-Α-Γ-Α· Deux aigles debout à d. sur un lièvre renversé, comme ci-dessus. Grènetis. ℞. ΑΚΡΑ-Γ-ΑΝΤΙ··ΟΝ· Crabe. Au-dessous, Scylla, les cheveux flottants, nageant à g., levant la main d. BMC. 61. Comp. 46. De toute rareté. Style et conservation magnifiques.
345	16.50	Æ 29	ΑΚΡΑΓ-ΑΝΤΙΝ-Ο·· Aigle sur un rocher debout à g., les ailes éployées, tenant dans ses serres un lièvre renversé, qu'il se prépare à dévorer. Sur le rocher, un pétoncle. Grènetis. ℞. Crabe; au-dessous, un poisson (*Genus Trigla*), gueule béante, nageant à g. Dans le champ à g., pétoncle. BMC. 59. Grose pl. 65, 13. Comp. 47. De toute rareté. T.B. — Ancienne coll. Dr F. Imhoof-Blumer. Doubles du Musée de Berlin. Cat. Hirsch XXVI, n° 59. — — Pièce reproduite dans Imhoof, Tier- und Pflanzenbilder. pl. VII, 3. —
346	2.04	Æ 16	Aigle, les ailes éployées, debout à g. sur un lièvre renversé. Grènetis. ℞. Α-Κ---Α Crabe; dessous, un thon à d. Cercle incus. BMC. 68. Très beau.

Nos	Poids	Métal et Module	
347	2.02	Æ 11	Un autre exemplaire semblable. BMC. 69. Beau.
348	3.40	Æ 19	*279-241*. Tête laurée de Zeus à d. Grènetis. ℞. ΑΚΡΑΓΑΝ- ΤΙΝΩΝ· Aigle debout à d., les ailes éployées. Dans le champ à d., Γ· BMC. 81 sq., var. T.B. — Collection Sir H. Weber, Londres, nº 1215. —
			Camarina
349	8.72	Æ 21	*461-405*. Casque corinthien à g., sur un bouclier rond. ℞. ΚΑΜΑ-ЯΙ· Palmier à trois feuilles entre deux cnémides. Cercle creux. BMC. 7. Comp. 48. De toute rareté. Superbe.
350	17.35	Æ 25	ΟΙ-ΑϞΙЯΑΜΑꓘ· Tête barbue d'Héraclès à g., coiffée de la peau de lion. ℞. Quadrige au galop à g., conduit par Athéna. Niké volant à d. la couronne. A l'ex., cigogne volant à g. BMC. 10. Comp. 49. Très beau. — Ancienne collection Rhousopoulos, Athènes. Cat. Hirsch XIII, nº 284. —
351	16.88	Æ 25,5	ΚΑΜΑΡΙΝΑΙΟΝ· Tête imberbe d'Héraclès à g., coiffée de la peau de lion. ℞. Quadrige au galop à d., conduit par Athéna, couronnée par Niké volant à g. Sur la ligne d'exergue en lettres minuscules, la signature d'artiste, ΕΞΑΚΕΣΤΙΔΑΣ; dessous, deux amphores. Cercle linéaire. BMC. 14. Très beau.
			Catane
352	0.85	Æ 12	*Avant 476*. Tête chauve de Silène barbu à d., l'oreille pointue. Grènetis. ℞. ƎΝΑ-ΤΑꓘ· Foudre ailé. Champ concave. BMC. 8, var. Très beau.
353	17.40	Æ 25	*461-413*. ΚΑΤΑΝΑΙ-ΟΝ· Tête laurée d'Apollon à d., les cheveux relevés sur la nuque; une mèche s'échappe. ℞. Quadrige au pas à d., conduit par un aurige barbu et en chiton long. Grènetis. BMC. 17. Très beau style de transition. F.D.C.
354	17.02	Æ 25	ΚΑΤΑΝΑΙΟΝ· Tête laurée d'Apollon à d., les cheveux relevés. ℞. Quadrige au pas à d. Niké volant à d. couronne les chevaux. BMC. 21. T.B.
355	17.15	Æ 28,5	ΚΑΤΑΝΑΙΟ· Tête laurée d'Apollon à d., les cheveux courts. Devant la tête, feuille et baies de laurier. ℞. Semblable au précédent. A l'ex., aigle volant à d. Cf. BMC. 24. Très rare. T.B. — Cat. Hirsch XXXII, nº 34. —
356	17.21	Æ 26	*413-404*. ΚΑΤΑΝΑΙΩΝ· Tête juvénile, imberbe, à g. (Amenanos), une cordelette dans les cheveux courts, bouclés. Grènetis. ℞. Quadrige au galop, à g. Niké volant à d., couronne l'aurige. Triple ligne d'exergue. Dessous, Η· Grènetis. BMC. 27. Comp. 50. De toute rareté. Style et conservation magnifiques. — Cat. Hirsch XXXII, nº 36. —
357	17.28	Æ 27	Tête laurée d'Apollon, de face, un peu inclinée à g.; les cheveux bouclés retombent librement. A d., signature d'artiste, ΗΡΑΚΛΕΙΔΑΣ· Grènetis. ℞. ΚΑΤΑΝΑΙΩΝ· (A l'ex.) Quadrige au galop à g., conduit par un aurige qui tient les rênes des deux mains. Niké, volant à d., le couronne. A l'ex., poisson à g. BMC. 31. Comp. 51. Rarissime et de toute beauté. Le plus bel exemplaire connu. — Collection Sir H. Weber, pl. 48, 1269 *(One of the gems of the Weber collection)*. —

Nos	Poids	Métal et Module	
358	16.97	Æ 21	**ΚΑΤΑΝΑΙΩΝ·** Tête laurée d'Apollon à g., les cheveux relevés. Derrière, une langouste (en partie hors du flan). Devant, une cordelette à nœuds se terminant par une sonnette. Cercle creux. ℞. Quadrige au galop à g., passant la borne. Niké, volant à d., couronne de la main d. l'aurige et tient de la main g. une tablette portant la signature très claire de l'artiste, **ΕΥΑΙΝΕ·** A l'ex., un crabe. BMC. 35. Comp. 52. De toute rareté. Style et conservation magnifiques. — Il ne paraît pas exister d'autre exemplaire sur lequel la signature d'Evainetos soit tout à fait lisible. —
359	16.82	Æ 25	Un deuxième exemplaire très bien centré. T.B.
360	4.03	Æ 18	··**ΝΑΝΟΣ·** Tête imberbe et cornue du fleuve Amenanos à g., une bandelette dans les cheveux courts. De part et d'autre un poisson; sous le menton, une langouste. ℞. **ΚΑΤΑΝΑΙΩΝ·** (A l'ex.) Quadrige au galop à d. Niké, volant à g., couronne l'aurige. BMC. 37. Très beau style. Beau. — Vente Headlam, Londres 1916, nº 117. —
			Cephalœdium (*Héracléa Minoa*)
361	16.75	Æ 25	*409-396*. Tête de femme à d., parée de bijoux, les cheveux bouclés retenus dans une sphendone, ampyx sur le front. Au pourtour, trois dauphins. ℞. מלקרת | ריש (*rech Melkarth*). Quadrige au galop à d. Niké couronne l'aurige. Cf. BMC. p. 251, 2. Superbe.
362	17.23	Æ 25	Tête de Perséphone à d., parée de bijoux, une couronne d'épis dans les cheveux relevés. Devant, deux dauphins affrontés. Grènetis. ℞. Même légende et même type à g. BMC. p. 251, 3. T.B.
363	17.22	Æ 26	Tête d'Aréthuse de très beau style à d., couronnée de roseaux. Au pourtour, trois dauphins. ℞. Légende hors du flan. Même quadrige à d. BMC. p. 251, 6. Cat. Jameson nº 597. F.D.C. — Collection R. Allatini. —
364	17.15	Æ 26	Un deuxième exemplaire. T.B.
365	17.24	Æ 24	Un autre exemplaire semblable, de style carthaginois. Très beau.
366	17.05	Æ 24	Tête de femme à d., parée de bijoux; les cheveux relevés, ampyx sur le front. De part et d'autre, un dauphin; celui de d. hors du flan. ℞. Même légende et même quadrige. BMC. p. 253, 18. Cat. Jameson nº 600. Très beau.
367	16.75	Æ 26	Un autre exemplaire semblable de style différent. T.B.
			Eryx
368	0.56	Æ 9	*Avant 480*. Aigle debout à g. ℞. Crabe. BMC. 2. B.
369	8.55	Æ 22	*480-413*. Tête d'Aphrodite à d., les cheveux relevés dans une sphendone, ampyx sur le front; autour du cou, collier avec pendentif en forme de tête de lion. Cercle linéaire. ℞. **·ΡΥΚΑΙ·Β** (écrit sur une base à l'ex.). Chien marchant à d. A l'arrière-plan, une touffe de trois épis de blé. Cat. Jameson nº 506. Cat. Pozzi nº 427. Comp. 54. Très rare. Superbe. — Collection Th. Prowe, Moscou. Vente à Vienne 1912, nº 349. —

Nos	Poids	Métal et Module	
			Géla
370	17.37	Æ 24	*Avant 466.* ≷Α-Λ-Ǝ-Ͻ· Protomé de taureau androcéphale (le fleuve Gélas), nageant à d. ℞. Quadrige au pas à d. Niké, volant à d., couronne les chevaux. BMC. 3. Bab. pl. 77, 10. Très beau.
371	17.25	Æ 26	CΕΛΑΣ· Même type. ℞. Pareil au précédent. BMC. 5. Bab. pl. 77, 13. Superbe.
372	8.69	Æ 20	CΕΛΑΣ· Même type. ℞. Cavalier au galop à d., brandissant une lance. Grènetis. BMC. 19. Bab. pl. 77, 16. Très beau.
373	8.78	Æ 21	Un autre exemplaire semblable. BMC. 22. Bab. pl. 77, 14. T.B.
374	0.56	Æ 13	Cheval debout à d., la longe traînant; en haut, une couronne. Grènetis. ℞. CΕΛΑ· Protomé de taureau, comme ci-dessus. BMC. 29. T.B.
375	0.85	Æ 12	Autre exemplaire semblable, à la légende, CE-Λ-Α· BMC. 31. Beau.
376	17.15	Æ 26	*466-413.* CΕΛΑΣ· Protomé de taureau androcéphale, comme ci-dessus. ℞. Quadrige au pas à d. A l'arrière-plan, colonne à chapiteau ionien (*Méta*). Grènetis. BMC. 11. Très beau.
377	17.17	Æ 27	ΓΕΛΑ·· Type semblable, d'un style plus avancé. ℞. Pareil au précédent. Grènetis. BMC. 10 sq., var. Très beau.
378	17.50	Æ 26	CΕΛΑ·· Même type. La tête du taureau androcéphale plus grande et d'un beau style sévère. ℞. Quadrige au pas à d. Niké, volant à d., couronne les chevaux. A l'ex., ornement d'acanthe. BMC. 36. Superbe. — Vente Jewett, Londres 1909, n° 36. —
379	17.58	Æ 24	·ΕΛΑΣ· Même type de très beau style. Champ concave. ℞. Même bige à g. BMC. 48. Superbe. — Collection Paul Mathey, Paris. —
380	17.07	Æ 25	ΓΕΛΑΣ· Type pareil au précédent, à g. ℞. Pareil au précédent. BMC. 49. Très beau.
381	17.15	Æ 26	*413-405.* ΣΑΛƎΓ· Protomé de taureau androcéphale, nageant à d. En haut, grain d'orge. ℞. ΓΕΛΩΙΩΝ· Quadrige au galop à g., conduit par Niké. En haut, aigle volant à g. A l'ex., un épi de blé. BMC. 59. Comp. 55. De toute beauté. — Coll. Sir E. Bunbury, Londres 1896, n° 313, et F. S. Benson, Londres 1909, n° 313. —
382	17.14	Æ 25	ΓΕΛΑΣ· Taureau androcéphale debout à g., une touffe de blé pousse devant lui. Cercle linéaire. ℞. ....ΩΝ· Même type, comme ci-dessus. BMC.—, Collection S. Angelo, Naples, n° 7714. Burlington fine Art Club, Cat. 1903, n° 140. Cat. Jameson, n° 593. Comp. 56. Pièce d'un style admirable. De la plus grande rareté. Superbe.
383	0.71	Æ 10	*Vers 340.* Tête de femme (Sosipolis?) à d., les cheveux relevés dans une sphendone. ℞. Traces de légende. Protomé de taureau androcéphale nageant à d., au-dessous, un poisson à d. Dans le champ à d., croix gammée. BMC. — , Head, p. 143 (d'après Tropéa, p. 19, n° 11). Rarissime. T.B.
			Himéra
384	5.82	Æ 22	*Avant 482.* Coq debout à g., levant une patte dans laquelle il paraît tenir un ver. En haut, ΑΑ· Grènetis espacé. ℞. Carré dentelé partagé en huit triangles, dont quatre en creux. BMC. 3, var. T.B.

Nos	Poids	Métal et Module	
385	5.64	Æ 21	Même type à d. ℞. Pareil au précédent. BMC. 5. Bab. pl. 80, 6. Très beau.
386	5.84	Æ 18	Même type. ℞. Poule debout à d. Carré dentelé. Le tout dans un carré creux. BMC. 14. Bab. pl. 80, 12. Superbe.
387	5.73	Æ 19	Même type à g. ℞. Semblable au précédent, mais le carré perlé au lieu d'être dentelé. BMC. 15. Bab. pl. 80, 10, var. Très beau.
388	8.72	Æ 22	*Sous Théron et Thrasydée. 482-472.* **HIMERA·** Coq debout d'un superbe style réaliste. ℞. Crabe. Cercle creux. BMC. 24. Bab. pl. 80, 17. Comp. 57. Pièce parfaitement centrée et d'une conservation tout à fait exceptionnelle. — Collection Headlam, Londres 1916, n° 46. —
389	17.17	Æ 27	*472-413.* Nymphe Himéra drapée, debout de face, sacrifiant à g. sur un autel. A d., un Silène nu, debout à d. dans un bassin, reçoit le jet d'une fontaine à gueule de lion. Dans le champ à d. en haut, grain d'orge. ℞. **IMEPAION** (à l'ex.) Quadrige au pas à d. Niké, volant à g., couronne l'aurige. Grènetis. BMC. 34. Comp. 58. T.B. — Collection Consul Ed. F. Weber, Hambourg. Cat. Hirsch XXI, n° 161. —
390	2.04	Æ 14	**N·** Niké volant à g., tenant un aplustre. ℞. **IMERA-ION·** Homme nu chevauchant un bouc, tenant un caducée et soufflant dans une conque. BMC. 37. Beau.
391	0.73	Æ 11,5	Même légende et même type. ℞. Protomé de monstre à g., à tête d'homme barbu et cornu, à pattes de lion et à ailes de griffon. BMC. 41. Beau.
			Léontion
392	17.01	Æ 26	*500-466.* **ИOИITИOEΛ·** Tête de lion à d., la gueule béante. Au pourtour, quatre grains d'orge. Champ concave. ℞. Quadrige au galop à d. Niké, volant à d., couronne les chevaux. BMC. 2. Bab. — Superbe.
393	17.44	Æ 21,5	**ΛEOИTIИOИ·** Même type. ℞. Pareil au précédent. BMC. 3. Très beau.
394	17.31	Æ 27	Même légende et type semblable. *Les grains d'orge sont en train de pousser.* Cercle linéaire. Champ concave. ℞. Type semblable au précédent. Les chevaux au galop. Bab. pl. 73, 3, var. Flan très large. Superbe.
395	8.34	Æ 20	**ИO-ИIT-И-OƎ-Λ·** Même type. ℞. Cavalier nu au trot à d. Grènetis. BMC. 14. Bab. pl. 73, 6. T.B.
396	0.66	Æ 9	Muffle de lion, de face. Grènetis. ℞. **ƎΛ ¦ ON·** Grain d'orge. BMC. 21. Bab. pl. 73, 16. T.B.
397	17.56	Æ 26	**ꟾEONTI-NO-N·** Tête archaïque d'Apollon laurée à d., d'un style superbe ; les cheveux, relevés et nattés derrière, forment une triple natte sur les joues, une mèche sinueuse descend derrière l'oreille. Au pourtour, trois feuilles de laurier ; sous le cou, un lion bondissant à d. ℞. Personnage drapé, la poitrine nue, dans un quadrige au pas à d. Niké, volant à g. le couronne. A l'ex., lion bondissant à d. Grènetis. BMC. 10. Bab. pl. 73, 10. De toute rareté. Conservation magnifique. F.D.C.
398	17.05	Æ 26	*466-422.* Tête laurée d'Apollon à d., les cheveux relevés et liés par une cordelette sur la nuque. Grènetis. ℞. **ꟾEO-NTI-N-ON·** Tête de lion à d., la gueule béante. Au pourtour, quatre grains d'orge. BMC. 29. T.B.

Nos	Poids	Métal et Module	
399	17.09	AR ^{25}	Tête semblable d'Apollon. ℟. Même légende et même type. BMC. 32. T.B.
400	17.14	AR ^{24}	Même tête d'Apollon à g. ℟. ⊢EONTINON· Type semblable au précédent, la tête de lion à g. BMC. 37. Très beau.
401	17.40	AR ^{24}	Tête laurée d'Apollon à d. de très beau style, les cheveux courts. ℟. ΛEONTINO·· Tête de lion de très beau style à d. au pourtour, quatre grains d'orge. BMC. 54. Cat. Jameson n° 635. Comp. 60. Très rare. Superbe. — Collection E. P. Warren. Catalogue par Kurt Regling, Berlin 1906, n° 253. —
402	0.64	AR $^{11.5}$	Tête d'Apollon à d., les cheveux relevés. Grènetis. ℟. ON ⁞ ƎΛ· Grain d'orge. Cercle linéaire. BMC. 50. Bab. pl. 73, 11. T.B.

Messine

Nos	Poids	Métal et Module	
403	5.91	AR $^{23.5}$	*Sous le nom de Zanclé, avant 490.* DANK⊢✧· Le port sous la forme d'une faucille. A l'intérieur, un dauphin nageant à g. Grènetis. ℟. Pétoncle dans un carré au centre d'un carré plus grand. L'intervalle entre les deux est sectionné en figures géométriques. BMC. 4. Bab. pl. 72, 2. Superbe.
404	17.40	AR $^{21.5}$	*Sous Anaxilas. 490-461.* Masque de lion de face. Grènetis. ℟. MES-SE-N···· Tête de veau avec le cou à g. Grènetis. BMC. 10. Bab. pl. 72, 9. Comp. 61. Extrêmement rare. Très beau. — Collection Consul Ed. F. Weber, Hambourg. Cat. Hirsch XXI, n° 621. —
405	17.36	AR $^{23.5}$	*480-461.* Bige de mules (ἀπήνη) à d., l'aurige assis sur le char. A l'ex., une feuille d'olivier. Grènetis. ℟. MESSEИIOИ· Lièvre courant à d. Grènetis. BMC. 11, var. Bab. pl. 72, 13. Très beau.
406	16.42	AR ^{29}	Même bige. Niké volant à d. couronne les mules. Grènetis. ℟. Même légende et même type. En haut, A ; sous le lièvre, pousse d'olivier. Grènetis. Cercle incus. BMC. 16. B.
407	16.82	AR ^{26}	*461-396.* Nymphe Messana conduisant un bige de mules au pas à d. Niké volant à d. couronne les mules. A l'ex., deux dauphins affrontés. Grènetis. ℟. MEΣ-Σ-A-NIO-N· Lièvre courant à d. Au-dessous, dauphin à d. Grènetis. BMC. 36. Superbe.
408	17.09	AR ^{25}	Même type de bige. Niké debout à d. sur les rênes, couronne les mules. A l'ex., feuille d'olivier avec baie. Grènetis. ℟. Pareil au précédent. BMC. 37. T.B.
409	17.14	AR ^{25}	MEΣΣ-ANA· Même type de bige. Niké manque. A l'ex., pas de symbole. Grènetis. ℟. Pareil au précédent. BMC. 38. Très beau.
410	17.27	AR ^{26}	Même légende et même type. A l'ex., deux dauphins affrontés. Grènetis. ℟. Pareil au précédent. BMC. 39. Superbe.
411	17.24	AR ^{27}	MEΣΣANA (en haut). Même type à g. Grènetis. ℟. Même légende et même type de lièvre. Au-dessous, une mouche à d. Grènetis. BMC. 43. Très rare. Superbe.
412	17.22	AR ^{24}	Bige de mules au pas à g. Niké volant à d. couronne Messana. A l'ex., deux dauphins affrontés. Grènetis. ℟. ИOI-ИA-Ʃ-ƩƎM· Lièvre courant à g. Dessous, tête de Pan cornue et diadémée à g. Grènetis. BMC. 49. Comp. 63. Superbe. — Cat. Hirsch XXXIV, n° 162. —

Nos	Poids	Métal et Module	
413	17.03	Æ 25	Même type; les mules au trot. Pas de symbole à l'ex. Grènetis. ℞. ΜΕΣΣΑΝΙΟΝ· Lièvre courant à d. Dessous, hippocampe nageant à g. Grènetis. BMC. 53. Comp. 62. Très rare. Superbe. — Cat. Hirsch XXXIII, n° 388. —
414	17.21	Æ 28	Bige de mules à g. Niké volant à d. couronne la nymphe. A l'ex., deux dauphins affrontés. Grènetis. ℞. ΜΕΣΣΑΝΙΩΝ (en haut). Lièvre courant à d. Au-dessous, dauphin nageant à d. sur des flots. Grènetis. BMC. 55. Flan très large. Très rare. Superbe. — Le droit de cette pièce est plus ancien que le revers. —

Motya

Nos	Poids	Métal et Module	
415	16.38	Æ 24,5	*413-397.* Tête de nymphe à g. (copiée du décadrachme de Syracuse par Cimon), parée de bijoux, les cheveux bouclés et relevés dans un réseau, ampyx sur le front. Au pourtour quatre dauphins. ℞. Crabe. Champ concave. BMC. , Evans, Syracusan Medallions, pl. II, 6. Forrer, Cat. Sir Weber, n° 1452. Comp. 64. De toute rareté. Très beau. — Vente à Paris 1907, n° 236. —

Naxos

Nos	Poids	Métal et Module	
416	5.63	Æ 22	*Avant 480.* Tête de Dionysos à g., avec une barbe en pointe et de longs cheveux, ceinte d'une couronne de lierre. Grènetis. ℞. ИΑΧ-ΙΟИ· Grappe de raisin avec deux feuilles. Cercles linéaire et perlé. BMC. 2. Bab. pl. 72, 17. Comp. 65. Très rare. Superbe. — Collection Paul Mathey. —
417	0.76	Æ 12,5	Même type. ℞. ИΟΙΧ-ΑИ· Grappe de raisin. Cercles linéaire et perlé. BMC. 4. Bab. pl. 72, 19. T.B.
418	16.35	Æ 27	*461-430.* Tête de Dionysos avec une longue barbe, couronnée de lierre, les cheveux relevés et liés au-dessus de la nuque. Grènetis. ℞. Ν-ΑΧΙ-ΟΝ· Silène nu, barbu, ithyphallique, assis à terre de face, portant une coupe à ses lèvres. Champ concave. BMC. 7. Comp. 66. Superbe style archaïque. Très beau. — Vente Butler, Londres, n° 76. —
419	16.44	Æ 26,5	*Vers 420.* Tête barbue de Dionysos à d. Dans les cheveux, un large bandeau orné d'une couronne de lierre. Grènetis. ℞. ΝΑΞΙΟΝ· Silène nu, assis à terre de face, la tête à g., portant à ses lèvres un canthare, et tenant un thyrse. A g., un pied de lierre, poussant du sol. Deux cercles linéaires. BMC. 18. Comp. 67. Style admirable. Très rare. Superbe. — Vente Sandman, Londres, n° 41. —
420	8.22	Æ 21	*413-404.* ΝΑΞΙΩΝ· Tête d'Apollon laurée à d., les cheveux relevés. Derrière, feuille et baie de laurier. Grènetis. ℞. Même type de Silène que ci-dessus. A d., un terme ityphallique, avec tête à g., les cheveux relevés. BMC. 22. Comp. 68. Très rare et très beau. — Vente à Paris 1907, n° 245. —

Nos	Poids	Métal et Module	
			Panorme
421	16.58	AR 28	*Après 409.* Tête d'Aréthuse à g. (copiée d'après le décadrachme syracusain de Cimon), parée de bijoux, les cheveux bouclés, relevés dans un réseau, ampyx sur le front. Au pourtour, quatre dauphins. Grènetis. Cercle creux. ℟. ꟽ𐌆𐌆 = *Ziʒ* (à l'ex.). Quadrige au galop à d. Niké couronne l'aurige. A l'ex., hippocampe nageant à d. Grènetis. Evans, Num. Chr. 1891, pl. IX, 8. Comp. 69. Très rare. T.B.
			— Collection Sir H. Weber, Londres, n° 1475. —
422	16.84	AR 25	Tête de femme à g., parée de bijoux, les cheveux ondulés et relevés; ampyx sur le front. Au pourtour, des dauphins. ℟. Même légende et même type. BMC. p. 247, 8. Comp. 70. Superbe.
			— Vente à Vienne 1914, n° 319. —
423	16.83	AR 21	Tête de femme à d., les cheveux ondulés et relevés, ampyx sur le front. De part et d'autre un dauphin. ℟. Même légende et même quadrige à g. BMC. p. 247, 7. Très beau.
424	16.75	AR 21	Tête de Perséphone à g., parée de bijoux, une couronne d'épis dans les cheveux relevés. Devant, deux dauphins affrontés; derrière la nuque, une fleur sur une tige. ℟. Même légende et même quadrige. BMC. etc. — D'un style très soigné. Très rare. Très beau.
			— Vente C. W. Colgate, Londres 1918. —
425	17.38	AR 23,5	Tête d'Aréthuse à g., parée de bijoux, des roseaux dans les cheveux relevés. Au pourtour, six dauphins. ℟. Même légende et même quadrige à d. BMC. etc. — Très rare. Très beau.
			Ségeste
426	8.49	AR 21	*480-461.* Sans légende. Tête de la nymphe Ségeste à d., les cheveux relevés sur la nuque par une double cordelette. Cercle creux. ℟. ᗺ····ATƎƎΣ· Le chien Crimisos debout à d., flairant le sol. Grènetis. BMC. 3. Bab. pl. 79, 13. T.B.
427	8.20	AR 21,5	ᗺIΙΑΤƎƎΓΑƎ· Tête semblable. Cercle creux. ℟. Type pareil au précédent. Grènetis. BMC. 5. Bab. pl. 79, 15. Superbe.
428	8.74	AR 21,5	ᗺIΙΑΤƎƎΓƎƎ· Tête de nymphe à d., un large bandeau dans les cheveux relevés. Cercle creux. ℟. Le chien Crimisos debout à g. Grènetis. BMC. 16. Comp. 71. Style et conservation admirables.
			— Catalogue Hirsch XIX, n° 223. —
429	8.22	AR 22	ΣΕΓΕΣ⊥VΙΙΒ· Tête de nymphe à d., avec boucles d'oreilles rondes, les cheveux relevés dans une sphendone étroite, ampyx sur le front. Cercle linéaire et creux. ℟. Pareil au précédent. En haut, murex. BMC. 18, var. T.B.
			— Catalogue Hirsch XIX, n° 222. —
430	8.25	AR 22	Tête de nymphe à d., un large bandeau dans les cheveux relevés. Cercle linéaire et creux. ℟. Chien Crimisos debout à g. Grènetis. BMC. —. Grose pl. 86, 9. Beau.
431	8.51	AR 28,5↘19,5	*461-415.* Tête de nymphe à d., les cheveux relevés dans une sphendone étroite. Cercles linéaire et creux. ℟. Pareil au précédent. Grose pl. 86, 19. Beau.

Nos	Poids	Métal et Module	
432	8.52	Æ 21.5	ΣΕΓΕΣΤΑΙ-ΟΝ· Tête de nymphe à d., les cheveux relevés. ℞. ΣΕΓΕΣΤΑΙΙΒ entre deux lignes à l'ex. Chien Crimisos, à d., flairant le sol. A l'arrière-plan, une touffe de trois épis. Grènetis. BMC. 39. T.B. — Collection Alexander Mann, Londres 1917. —
433	8.39	Æ 19	Tête de nymphe à d., les cheveux dans une sphendone étoilée. Cercle creux. ℞. Même légende rétrograde et même type. Cat. Jameson n° 710. T.B.
434	16.51	Æ 29	*415-409.* Tête de nymphe Ségeste à d. (de style carthaginois), les cheveux relevés. Cercle creux. ℞. Jeune chasseur nu (le fleuve Crimisos), debout à g., le pied posé sur un rocher, sa chlamyde sur le bras g., son pilos pendant sur le dos, tenant un javelot dans la main g., et levant la main d. A ses pieds, deux chiens à g., l'un flairant le sol, l'autre levant la tête vers un terme, posé à g. sur le rocher. Grènetis. Coll. S. Angelo (Naples) n° 4968. Salinas pl. I, 5. Comp 72. Deuxième exemplaire connu. De la plus grande rareté. Très beau.
			Sélinonte
435	8.80	Æ 23	*480-466.* Feuille de persil (σέλινον). De part et d'autre de la tige, un globule. ℞. Carré creux partagé en douze triangles, dont six en creux. BMC. 10. Bab. pl. 79, 2. T.B.
436	7.70	Æ 20	Même type. ℞. Σ-Ε | Ι-Λ· Feuille de persil. Carré creux. BMC. 15. Bab. pl. 79, 8. Superbe. — Collection Paul Mathey. —
437	17.01	Æ 27	*466-415.* ···ΙΤΝ-ΟΝΙΛΞΣ· Quadrige au pas à g., conduit par Artémis accompagnée d'Apollon tirant de l'arc. ℞. ΣΕ···Σ·Dieu-fleuve Sélinos nu, debout à g., sacrifiant sur un autel et tenant un rameau de laurier. Devant l'autel, un coq debout à g. A d., sur un socle, taureau debout à g. Au-dessus du taureau, feuille de persil. BMC. 23.· T.B.
438	17.25	Æ 29	Sans légende. Même type, d'un style plus avancé. A l'ex., grain d'orge. Cercle linéaire. ℞. ΣΕΛΙΝΟΝΤΙ-ΟΝ. Type pareil au précédent; l'autel ardent; le taureau a la tête baissée. BMC. 31. T.B. — Collection Thomas-Stanford, Londres. —
439	17.28	Æ 28	Même type. ℞. Même légende et même type. Le taureau sur une base enguirlandée. A l'exergue, poisson à g. BMC. —. Beau.
440	8.68	Æ 23	ΣΕΛΙ-ΝΟΝ-··ΟΝ· Héraclès imberbe, nu, brandissant la massue et arrêtant par la corne un taureau qui bondit à d. Grènetis. ℞. ΗΥΨ-ΑΣ· Le fleuve Hypsas nu, imberbe, debout de face, sacrifiant à g., sur un autel entouré d'un serpent et tenant un rameau lustral. A d., un héron courant à d.; au-dessus, feuille de persil. BMC. 37. Comp. 73. Style et conservation superbes. — Collection Ed. F. Weber, Hambourg. Cat. Hirsch XXI, 657. —
441	17.24	Æ 27	*415-409.* Dieu-fleuve Sélinos nu, sacrifiant à g. sur un autel ardent, tenant une branche de laurier. Devant l'autel, un coq à g. Derrière, un taureau debout sur une base. Au-dessus du taureau, une feuille de persil. Cercle linéaire et creux. ℞. ·ΕΛΙΝΟΝΤΙΟ·· (à l'ex.). Niké conduisant un quadrige au galop à d. En haut, une couronne d'olivier; à l'ex., un épi de blé. BMC. 44. Comp. 74. Très beau style. De la plus grande rareté. Superbe. — Collection Dean of York, Londres. —

Nos	Poids	Métal et Module	
			Syracuse
442	16.93	AR 26	*Avant 485. Oligarchie des Géomores.* ϟVRA· Quadrige au pas à d., l'aurige tient les rênes des deux mains. Grènetis. ℟. Carré creux partagé en quatre carrés. Au centre dans un cercle creux, tête de femme (Aréthuse) à g., les cheveux en pointillé, retombant sur la nuque. BMC. 1. Bab. pl. 74, 2. Comp. 75. Très beau.
443	16.99	AR 27	ϟVRAϘO · ϟION· Même type. ℟. Pareil au précédent. BMC. 2. Bab. pl. 74, 2. B.
444	16.98	AR 27	*485-478. Règne de Gélon.* ΣY-RAϘ-OΣI-ON· Tête d'Aréthuse à d., diadémée, les cheveux striés et descendant en mèches parallèles sur la nuque. Quatre dauphins au pourtour. Cercle creux. ℟. Bige au pas à d. Niké descendant des airs, tient de la main d. une couronne et lève la main g. sur la tête des chevaux. Grènetis. BMC. 4. Du Chastel, Syracuse, ses monnaies etc., Londres 1898, pl. 1, 4. Bab. 74, 7. Comp. 76. T.B.
445	8.67	AR 20	Même légende et même type. ℟. Cavalier nu au pas à d., menant un second cheval. Grènetis. BMC. 5. Bab. pl. 74, 8. Très beau.
446	17.27	AR 25	ΣYRAKOΣIO-N· Tête d'Aréthuse à d., collier de perles autour du cou et dans les cheveux, indiqués en pontillé sur le front seulement, descendant droit sur la nuque. Au pourtour, quatre dauphins. ℟. Bige conduit par son aurige barbu au pas à d. Niké volant à d. couronne les chevaux. Grènetis. Du Ch. pl. 1, 6. Bab. pl. 76, 3. T.B.
447	17.38	AR 26	ΣYR-AK-OΣI-OΝ· Même tête à g., un bandeau dans les cheveux, indiqués en pointillé, le bout de la queue nouée en floche; boucle d'oreille ronde, au cou deux colliers. Quatre dauphins au pourtour. Cercle creux. ℟. Pareil au précédent. BMC. 10. Du Ch. pl. 1, 8. Très rare. De toute beauté.
448	17.27	AR 24	Type semblable à d. ℟. Pareil au précédent. Du Ch. pl. 1, 9. Bab. pl. 76, 4. T.B.
449	17.50	AR 24	ΣYRAK-OΣION· Tête semblable, un large bandeau et un collier de perles dans les cheveux, descendant droit sur la nuque et noués au bout. Au pourtour, quatre dauphins. ℟. Pareil au précédent. Du Ch., Bab. —. T.B.
450	17.17	AR 24	ΣYRA-KOΣ-IO-N· Même type; un large bandeau dans les cheveux indiqués en pointillé et relevés sur la nuque. ℟. Pareil au précédent. Du Ch. pl. 2, 13. F.D.C.
451	17.18	AR 26	Même type, la tête plus grande; un large bandeau et un collier de perles dans les cheveux striés et relevés sur la nuque. ℟. Pareil au précédent. Du Ch. Suppl. pl. 18, 13[1]. Grose pl. 90, 8. T.B.
452	17.19	AR 23.5	Même type; un collier de perles dans les cheveux striés et relevés sur la nuque. ℟. Pareil au précédent. Bab. pl. 75, 6. Superbe.
453	17.45	AR 22	Un deuxième exemplaire semblable. T.B.
454	17.15	AR 24	Même type. Les cheveux sont en pointillé; le cou mince et allongé. ℟. Pareil au précédent. Du Ch. pl. 2, 15. Bab. pl. 76, 2. T.B.
455	17.64	AR 24.5	Même type; une cordelette dans les cheveux striés et relevés sur la nuque. ℟. Pareil au précédent. Du Ch. pl. 2, 16. Très beau style archaïque. Superbe.

Nos	Poids	Métal et Module	
456	17.26	Æ 26	Même type; un collier de perles dans les cheveux légèrement ondulés et relevés sur la nuque. Cercle creux. ℞. Même type à g. Grènetis. Du Ch. pl. 2, 17. Bab. pl. 75, 1. Magnifique style archaïque. Flan très large. De toute beauté.
457	17.16	Æ 21	Type semblable, mais les cheveux en pointillé. ℞. Type pareil au précédent, à d. Grènetis. Bab. pl. 75, 2. Très beau.
458	8.74	Æ 21	ΣYR-AKO-ΣION. Tête d'Aréthuse à d., collier de perles dans les cheveux striés, relevés sur la nuque. Collier au cou. Au pourtour trois dauphins. Cercle creux. ℞. Cavalier nu au pas à d., menant un second cheval. Grènetis. BMC. 46. Bab. pl. 76, 5. Beau.
459	4.13	Æ 15.5	ΣYRAKOΣIO-N. Même type. Cercle creux. ℞. Cavalier nu au pas à d. Grènetis. BMC. 47. Bab. pl. 76, 10. Beau.
460	0.78	Æ 13	ΣYR. Même type. Grènetis. ℞. Pieuvre. Champ concave. BMC. 49. Bab. pl. 76, 15. Superbe.
461	0.75	Æ 14	ΣYRA. Même droit. ℞. Pareil au précédent. BMC. 53. Bab. pl. 76, 11. T.B.
462	0.72	Æ 10	Sans légende. Même droit. ℞. Roue à quatre rais. Cercle creux. BMC. 55. Bab. pl. 76, 21. T.B.
463	17.15	Æ 27	*479 av. J.-C. Type de Démaréteion.* ΣY—RAK-OΣI-ON. Tête d'Aréthuse à d., couronnée d'olivier; les cheveux relevés sur la nuque par une double cordelette, des bandeaux ondulés sur le front. Autour de la tête, un petit cercle linéaire. Au pourtour quatre dauphins. ℞. Quadrige au pas à d. Niké volant à d. couronne les chevaux. A l'ex., lion courant à d. Grènetis. BMC. 64. Du Ch. pl. 2, 24. Bab. pl. 74, 12. Comp. 77. Très rare. T.B. — Catalogue Hirsch XXXII, n° 164. —
464	16.86	Æ 25	*478-467. Règne d'Hiéron et de Thrasybule.* ΣYRA-KO-ΣI-ON. Tête d'Aréthuse à d., ornée de bijoux; collier de perles dans les cheveux relevés sur la nuque, des bandeaux ondulés sur le front. Au pourtour quatre dauphins. ℞. Quadrige au pas à d. Niké volant à g. couronne l'aurige. A l'ex., pistrix à d. Grènetis. Du Ch. pl. 2, 21. T.B.
465	17.17	Æ 27.5	ΣYRAK-OΣ-I-O-N. Tête d'Arétuse à d., ornée de bijoux, collier de perles dans les cheveux lisses, relevés sur la nuque. Les bandeaux sur le front très ondulés. Au pourtour quatre dauphins. ℞. Quadrige au pas à d. Niké volant à d. couronne les chevaux. A l'ex., pistrix à d. Grènetis. Du Ch. pl. 3, 25. Cat. Jameson n° 760. Comp. 78. De toute beauté. — Catalogue Hirsch XXXII, n° 171. —
466	16.96	Æ 26	Autre exemplaire semblable. Collier de grosses perles dans les cheveux. Variétés dans le style et dans le dessin. Cat. Jameson n° 760. Grose pl. 91, 19. Superbe.
467	17.03	Æ 28	*466-425. Démocratie.* ΣYRAKOΣI-O-N. Tête d'Aréthuse à d., parée de bijoux, une cordelette dans les cheveux ondulés sur le front et relevés en forme de coque divisée en trois parties. Au pourtour quatre dauphins. ℞. Pareil au précédent. Du Ch. pl. 3, 29. Très beau.
468	17.18	Æ 25	Autre exemplaire semblable. La coque divisée en quatre parties. ℞. Pareil au au précédent. Du Ch. pl. 3, 31. T.B.

Nos	Poids	Métal et Module	
469	17.24	AR 26	Type semblable. Une cordelette dans les cheveux ondulés, bouclés sur le front, rebroussés sur la nuque. ℞. Pareil au précédent. Du. Ch. pl. 3, 33. De toute beauté. — Catalogue Hirsch XXXII, n° 191. —
470	17.22	AR 25	Un autre exemplaire semblable. Superbe.
471	17.23	AR 25	Un autre exemplaire semblable. T.B.
472	16.93	AR 25	Un autre exemplaire semblable, la tête plus petite, de style très délicat. Grose, pl. 93, 1. T.B.
473	17.22	AR 25.5	Autre exemplaire semblable. Une triple cordelette dans les cheveux relevés, retombant en chignon sur la nuque. ℞. Pareil au précédent. Du Ch. pl. 3, 36. Comp. 79. Superbe. — Collections H. Osborne O'Hagan, Londres 1908, n° 195, et R. Allatini, Londres. —
474	17.04	AR 26	Autre exemplaire semblable. Les cheveux ondulés sont relevés en queue derrière et enserrés dans un large bandeau. ℞. Pareil au précédent. Du Ch. pl. 4, 38. Très beau. — Cat. Hirsch XXXII, n° 208. —
475	17.11	AR 26	Type semblable; la tête un peu plus grande, le bandeau plus large et finissant au-dessus de la tempe; trois bandelettes pendent sous le chignon. Collier avec pendentifs autour du cou. ℞. Pareil au précédent. Du Ch. pl. 4, 40. Superbe. — Cat. Hirsch XXXII, 214. —
476	17.32	AR 25	*Vers 440.* **ΣΥΡΑΚΟΣΙΟΝ**. Tête d'Aréthuse à d., parée de bijoux; les cheveux, bouclés sur le front, sont relevés par un large bandeau passant plusieurs fois autour de la tête; son attache est visible au-dessus de la tempe. ℞. Pareil au précédent. Du Ch. pl. 4, 41. Comp. 80. Très beau style de transition. Très rare. Superbe.
477	16.74	AR 26	Type semblable. Les cheveux bouclés relevés dans une sphendone. ℞. Pareil au précédent. Du Ch. pl. 4, 42. B. — Cat. Hirsch XXXII, 221. —
478	17.11	AR 26	**ΣΥRΑΚΟΣΙΟΝ**. Tête d'Aréthuse à d., parée de bijoux, les cheveux ondulés, noués en touffe sur le sommet de la tête. ℞. Quadrige à g., les chevaux se cabrant. Niké volant à d. couronne l'aurige. A l'ex., pistrix à g. Du Ch. pl. 4, 45. T.B.
479	17.06	AR 26	Un autre exemplaire semblable. T.B.
480	17.14	AR 25	Un autre exemplaire semblable, de style plus fin. Du Ch. pl. 4, 46. Très beau.
481	17.38	AR 24	**ΣΥΡΑΚΟΣΙΟ-Ν**. Tête d'Aréthuse à d., les cheveux ondulés sur le front, et retroussés derrière, formant un chignon horizontal quatre fois ligaturé. Au pourtour quatre dauphins. ℞. Quadrige au pas à d. Niké, volant à d., couronne les chevaux. Du Ch. pl. 4, 48. Superbe. — Vente Lacroix, n° 238. —
482	17.35	AR 25.5	**ΣΥΡΑ-Κ-Ο...** Tête d'Aréthuse à d., les cheveux relevés dans une sphendone par un triple bandeau et liée en travers. Collier avec tête de lion comme pendentif. Au pourtour quatre dauphins. ℞. Pareil au précédent. Du Ch. pl. 5, 52. Beau.

Nos	Poids	Métal et Module	
483	17.28	AR 28	ΣΥΡΑΚΟΣΙΟΝ. Tête semblable d'un style plus beau et d'un dessin plus délicat; ampyx sur le front. Collier sans pendentif. Cercle creux. ℟. Type pareil au précédent, A l'ex., feuille de laurier avec baie. Grènetis. Du Ch. pl. 94, 4. Comp. 81. Flan extrêmement large. Très rare. Superbe. — Vente à Vienne 1914, n° 366. —
484	17.30	AR 24.5	Autre exemplaire semblable. Du Ch. pl. 5, 54. Beau. — Collection Harlan P. Smith, Londres. —
485	17.15	AR 25	ΣΥΡΑΚΟΣΙΟΝ. Tête d'Aréthuse à d., les cheveux couverts du saccos, terminé au sommet de la tête par une floche et orné d'une grecque. Ampyx lauré sur le front. Au pourtour, quatre dauphins. ℟. Quadrige au pas à d. Niké volant à d. couronne les chevaux. Du Ch. pl. 5, 55, var. Grose pl. 94, 8. Superbe.
486	16.94	AR 25	Un autre exemplaire semblable. Du Ch. pl. 5, 56. Très beau.
487	16.63	AR 24.5	Autre exemplaire semblable, d'un style plus fin, l'ampyx pas lauré. A, sous l'oreille. ℟. Pareil au précédent. Du Ch. pl. 5, 57. T.B. — Catalogue Hirsch XXXII, n° 272 —
488	16.74	AR 26	Autre exemplaire semblable de très beau style, l'ampyx lauré, collier avec tête de lion comme pendentif. ℟. Quadrige au pas à d. Niké volant à g. couronne l'aurige. Du Ch. — . Grose pl. 94, 11. Superbe. — Catalogue Hirsch XXXII, n° 278. —
489	17.28	AR 24	Autre exemplaire semblable; le saccos terminé en haut par un bouton; collier et ampyx simples. ℟. Semblable au précédent. Niké couronne les chevaux. Du Ch. pl. 5, 58. Comp. 83. T.B. — Catalogue Hirsch XXXII, n° 284. —
490	17.27	AR 23.5	ΣΥRA-ΚΟΣΙΟΝ. Tête d'Aréthuse à d., les cheveux couverts du saccos maintenu par un bandeau ornementé qui passe deux fois sur le front, deux fois transversalement derrière et finit par deux plis retombant sur la nuque. Au pourtour, quatre dauphins. ℟. Semblable au précédent. Niké volant à g. couronne l'aurige. Du Ch. pl. 5, 60. Comp. 82. Style superbe. Très rare. Très beau. — Ancienne collection Duruflé, Paris 1908, n° 198. —
491	17.21	AR 26	*425-413. Démocratie.* ΝΟΙ-Σ-Ο-Κ-Α-ϘΥΣ. Tête d'Aréthuse à g., ornée de bijoux, les cheveux ondulés sur le front et rebroussés derrière. Au pourtour quatre dauphins. ℟. Quadrige au galop à g. Niké volant à d. couronne l'aurige. Du Ch. pl. 6, 61. Très beau style. Superbe. — Cat. Hirsch XXXII, 290. —
492	16.73	AR 25	ΣΥΡΑΚΟΣΙΟΝ. Tête d'Aréthuse à g., parée de bijoux, les cheveux ondulés et relevés par des cordelettes croisées; des mèches flottantes s'en échappent. Au pourtour quatre dauphins. ℟. Même quadrige; sous les chevaux, un héron debout à g. A l'ex., dauphin poursuivant une perche. Du Ch. pl. 6, 69. Beau.
493	17.13	AR 30	ΣΥΡΑΚΟΣΙΟ-Ν. (à g., tout près du bord). Tête semblable à la précédente, mais plus grande et de style plus beau. Au pourtour quatre dauphins. Cercle creux. ℟. Même quadrige. A l'ex., pétoncle. Cat. Jameson n° 791. Comp. 85. Flan extrêmement large. Très rare. Très beau. — Cat. Hirsch XXXII, n° 304. —

Nos	Poids	Métal et Module	
494	17.01	AR 27	**ΣΥΡΑΚΟΣΙΟΝ**· Tête d'Aréthuse à g., parée de bijoux; les cheveux ondulés sur le front et relevés derrière par des cordelettes croisées. Derrière la nuque, la signature d'artiste, **ΕΥΜΗΝ-ΟΥ**· Au pourtour quatre dauphins. Cercle creux. ℟. Quadrige au galop à g. Niké volant à d. couronne l'aurige. Grènetis. BMC. 144. Du Ch. pl. 6, 68. T.B.
495	17.03	AR 27	**Σ-ΥΡΑΚΟΣΙΟ-Ν**· Tête d'Aréthuse à g., les cheveux ondulés et relevés; derrière la nuque, la signature, **ΕΥ**· Au pourtour quatre dauphins. Cercle creux. ℟. Pareil au précédent. Sous les chevaux, **ΕΥ**; à l'ex., dauphin poursuivant une perche à d. Grènetis. BMC. 146. Très beau.
496	17.31	AR 26	Autre exemplaire semblable; la tête d'Aréthuse plus petite, d'un style plus beau, de dessin plus soigné et plus de relief. Très beau.
497	17.14	AR 27	Type semblable; sous la tranche du cou, la signature, **ΕΥ**· ℟. Type semblable au précédent; à l'ex., deux dauphins affrontés. BMC. 147, var. Du Ch. Suppl. nº 63*bis*. Très beau style. Très beau. — Cat. Hirsch XXXII, nº 293. —
498	17.03	AR 26,5	**ΣΥΡΑΚΟ-ΣΙΩΝ**· Tête de Perséphone à g., couronnée d'épis; un collier avec tête de lion au cou; les cheveux ondulés et relevés, quelques mèches s'échappent. Sous la tranche du cou, **ΕΥΜ**· Au pourtour quatre dauphins. Cercle creux. ℟. Niké conduisant un quadrige au galop à d. Niké volant à g. lui tend une couronne. A l'ex., la signature, **ΕΥΘ**· Scylla, armé d'un trident sur l'épaule, nageant à d. et poursuivant un poisson à d. Grènetis. BMC. 153. Du Ch. pl. 6, 71. Comp. 84. Très rare. De la plus grande beauté. — Cat. Hirsch XXXII, nº 330. —
499	17.17	AR 24	**ΣΥΡΑΚΟΣΙΩΝ**· Tête d'Aréthuse à g. ornée de bijoux, les cheveux relevés dans une sphendone étoilée, nouée sur le front au-dessus de l'ampyx ornée d'un dauphin à g. Au pourtour quatre dauphins. ℟. Quadrige au galop à d., une rêne brisée traîne à terre. L'aurige est barbu. Niké volant à d. lui tend une couronne à laquelle est attachée une tablette portant la signature d'artiste, très nette, **ΕΥΑΙΝ-ΕΤΟ**· A l'ex., deux dauphins affrontés. Grènetis. BMC. 188. Du Ch. pl. 7, 74. Comp. 86. Style ravissant. De la plus grande rareté. Superbe. — Ancienne collection Duruflé, Paris 1908, nº 204. —
500	17.01	AR 25	Tête semblable au précédent; sur l'ampyx, un cygne nageant à g. Sur le bandeau inférieur de la sphendone, au-dessus de la nuque, en lettres minuscules, la signature d'artiste, **ΕΥΚΛΕΙ**· Au pourtour quatre dauphins. ℟. Quadrige au galop à d., Niké volant à g. couronne l'aurige. Sur la ligne d'ex., en lettres minuscules, la signature d'artiste, **ΕΥΑΙΝΕΤΟ**· A l'ex., une roue couchée. Grènetis. BMC. 190. Du Ch. pl. 7, 70. Style et conservation superbes. — Cat. Hirsch XXXII, nº 333, et collection Paul Mathey, Paris. —
501	2.09	AR 15	**ΣΥΡΑΚΟΣΙ**·· (en bas). Tête d'Aréthuse à g., semblable à la précédente. De part et d'autre, un dauphin. ℟. Quadrige au galop à d. Niké volant à g. couronne l'aurige. A l'ex., deux dauphins affrontés. BMC. 166. Superbe. — Collection Paul Mathey, Paris. — — Cette monnaie, d'une facture exquise, est probablement l'œuvre de l'artiste Phrygillos. —

Nos	Poids	Métal et Module	
502	1.19	AV 10	*413-406. Démocratie.* **ΣΥ...** Tête imberbe d'Héraclès à g., coiffée de la peau de lion. ℞. **Σ-Υ ¦ Ρ-Α.** dans les angles d'un carré creux partagé en quatre carrés. Au centre, dans un cercle creux, tête d'Aréthuse à g., les cheveux relevés dans une sphendone, ampyx sur le front. BMC. 134. Très beau.
503	0.69	AV 9	**ΣΥΡV.** Tête d'Athéna à g., coiffée du casque athénien à aigrette. Cercle linéaire. ℞. Gorgoneion au centre de l'égide bordée de serpents. BMC. 138. Superbe.
504	5.77	AV 14	*406-357. Dynastie de Denys.* **..ΡΑΚΟΣΙΩΝ.** Tête d'Aréthuse à g., un collier de perles autour du cou, boucles d'oreilles à trois pendentifs. Les cheveux relevés dans une sphendone ornée de deux étoiles, ampyx sur le front. Derrière la nuque, la signature d'artiste très nette, **ΕΥΑ.** ℞. Héraclès nu, agenouillé à d., étouffant le lion. Evans, Num. Chron. 1891, pl. 13, 2. Mons. de Ciccio, Gli Auri Siracusani di Cimone e di Eveneto, Naples 1922, n° 24. Comp. 89. Très haut relief. De toute rareté et de toute beauté. — Ancienne trouvaille d'Avola. —
505	5.79	AV 14.5	**ΣΥΡΑΚ.....** Tête d'Aréthuse à g., semblable à la précédente. Derrière la nuque, une étoile. ℞. Pareil au précédent. Cat. Jameson 825. De Ciccio n° 35. Comp. 90. De toute rareté et de toute beauté. — Ancienne trouvaille d'Avola. — — Cette tête magnifique ressemble beaucoup au type du médaillon d'Evainète avec l'étoile et le globule. Voir notre pièce n° 517. —
506	2.89	AV 12	**ΣΥΡΑΚΟ-ΣΙΩΝ.** Tête imberbe juvénile à g., les cheveux courts (le dieu-fleuve Anapos?). Grènetis. ℞. **ΣΥΡΑΚΟΣΙΩΝ** (à l'ex., entre deux lignes). Cheval libre, au galop à d. Carré creux. BMC. 169. De Ciccio n° 2. Très beau.
507	2.57	AV 11	**ΣΥΡΑ.** Même tête. Derrière la nuque, un grain d'orge. ℞. Même légende et même type. De Ciccio n° 6. Comp. 92. Superbe. — Ancienne trouvaille d'Avola. —
508	2.90	AV 11	Même légende et même type. ℞. Sans légende. Même type; au-dessus du cheval, une étoile. De Ciccio n° 8. Comp. 91. Superbe. — Ancienne trouvaille d'Avola. —
509	42.69	AR 36	**ΣΥΡΑΚΟΣΙΩΝ.** Tête d'Aréthuse à g., les cheveux relevés dans un réseau, noué au sommet de la tête. Sur le front, un ampyx portant la signature d'artiste, **ΚΙ ¦ Μ.** Collier de perles, boucles d'oreilles à trois pendentifs. Quatre dauphins au pourtour, sur celui au-dessous du cou, traces de signature **ΚΙΜΩΝ.** Grènetis. ℞. Quadrige au galop à g. Niké volant à g. couronne l'aurige. A l'ex., cuirasse entre deux cnémides; à g., un bouclier; à d., un casque athénien à aigrette. Au-dessous, **ΑΘΛΑ.** Grènetis. BMC. 200. Du Ch. pl. 12, 141. Comp. 93. De la plus grande rareté. Superbe. — Provenant de la collection de Sir H. Weber, Londres, n° 1611. — — Premier type de Cimon. Médaillon commémoratif de la défaite des Athéniens. Les armes à l'exergue du revers furent sans doute prises aux Athéniens, et offertes comme prix (ἆθλα) dans les jeux Assinariens établis en 412 pour rappeler cet événement. —

Nos	Poids	Métal et Module	
510	43.47	AR 36	**ΣΥΡΑΚΟΣΙΩΝ**· Tête d'Aréthuse à g. semblable à la précédente, mais d'un très haut relief et d'une beauté de style et de dessin hors ligne. Boucles d'oreilles avec pendentifs en forme d'amphore. Quatre dauphins au pourtour; sans la signature d'artiste. Grènetis. ℞. Pareil au précédent. A l'ex., au-dessous des armes, **ΑΘΛΑ**· BMC., Du Ch. etc. Comp. 94. De toute rareté. Le plus bel exemplaire connu parmi les décadrachmes de Cimon. F.D.C. — Vente Hirsch, cat. XXXII, n° 313. —
511	43.29	AR 34	**ΣΥΡΑΚΟΣΙΩΝ**· Tête semblable d'Aréthuse. Sur l'ampyx, la signature, **Κ**· Au pourtour, quatre dauphins; sur celui au-dessous du cou, la signature d'artiste, très nette, **ΚΥΜΩΝ**· ℞. Pareil au précédent. Grènetis. BMC. 202. Du Ch. pl. 12, 142. Comp. 95. De la plus grande rareté et de toute beauté. — Vente Hirsch, cat. XXXII, n° 307. —
512	43.32	AR 35	**ΣΥΡΑΚΟΣΙ·ΩΝ**· Même tête d'Aréthuse, d'un très haut relief et d'un style magnifique. Sur l'ampyx la signature d'artiste très nette, **ΚΙ**· ℞. Pareil au précédent. BMC. 204. De la plus grande rareté et d'une conservation magnifique. — Vente Hirsch, cat. XXXII, n° 310. —
513	15.91	AR 26	Tête d'Aréthuse presque de face, inclinée à g., les cheveux bouclés flottent au vent. Ampyx sur le front portant la signature d'artiste, **ΚΙΜΩΝ** (à peine visible). Boucles d'oreilles et collier de petites et grosses perles autour du cou. A g., un dauphin; à d., deux autres. En haut, des traces d'inscription, **ΑΡΕΘΟΣΑ**· ℞. **ΣΥΡΑΚ-ΟΣΙΩΝ**· Quadrige au galop à g. Niké, debout sur les rênes, couronne l'aurige, qui détourne la tête. Au-dessous des chevaux, une colonne couchée. A l'ex., épi de blé. Cercle linéaire. Du Ch. pl. 8, 88. Tudeer, Die Tetradrachmenprägung von Syrakus etc. Ztschr. f. Numismatik XXX, Berlin 1913, n° 78. Comp. 99. De la plus grande rareté. Très beau. — Chef-d'œuvre de Cimon, reconnu comme la plus belle représentation glyptique de la tête humaine de face et partout admiré dans l'antiquité déjà, très souvent copié par d'autres villes monétaires. —
514	16.89	AR 26	Tête semblable d'Aréthuse. Les dauphins autrement placés. Sur l'ampyx, la signature d'artiste **ΚΙΜΩΝ**· Grènetis. ℞. Pareil au précédent. BMC. 208. Du Ch. pl. 8, 87. Comp. 98. Pièce d'un style ravissant. De la plus grande rareté et d'une très belle conservation. — Vente Hirsch, cat. XXXII, n° 328. —
515	43.29	AR 35.5	**ΣΥΡΑΚΟΣΙΩΝ**· Tête d'Aréthuse à g. (Type d'Evainète), couronnée de roseaux, les cheveux bouclés et relevés. Boucles d'oreilles à trois pendentifs, collier de perles. Au pourtour quatre dauphins. Au-dessous, **ΕΥ-ΑΙΝΕ**· Sous le menton, **Δ**· ℞. Quadrige au galop à g. Niké volant à d. couronne l'aurige. A l'ex., les trophées d'armures athéniennes. BMC. 113. Comp. 97. Très rare et de toute beauté. — Vente Hirsch, cat. XXXII, n° 318. —
516	42.75	AR 37.5	**ΣΥΡΑΚΟΣΙΩΝ**· Tête semblable d'Aréthuse à g., d'un style ravissant. Au-dessous, la signature d'artiste, **·Υ-ΑΙΝΕ**· Grènetis. ℞. Pareil au précédent. Grènetis. BMC. 175. Du Ch. pl. 13, 146. Comp. 96. Flan large. De toute beauté. — Vente Earle, Philadelphie 1912. —

Nos	Poids	Métal et Module	
517	42.80	Æ 38	ΣΥΡΑΚΟΣΙΩΝ. Tête semblable d'Aréthuse à g. d'un style admirable. Sous le menton, un petit globule; derrière la nuque, une étoile. Grènetis. ℞. Pareil au précédent. BMC. 179. Cat. Jameson 830. Flan extrêmement large. De toute rareté et de toute beauté. — Comparez la pièce de cent litres n° 505 de notre catalogue. Cette variété peut être considérée comme le plus beau coin du type d'Evainète. —
518	16.80	Æ 26	ΣΥΡ-Α.... Tête d'Aréthuse à d., les cheveux dans une sphendone, ampyx sur le front; collier avec trois perles pendantes. Au pourtour, quatre dauphins. Cercle linéaire. ℞. Quadrige au galop à g. Niké volant à d. couronne l'aurige. A l'ex., épi de blé. Du Ch. pl. 7, 79. Très rare. T.B.
519	16.04	Æ 25	ΣΥΡΑΚ..... Tête d'Aréthuse à g., les cheveux relevés dans une sphendone étoilée; collier avec des perles pendantes autour du cou; boucles d'oreilles à trois pendentifs. Au pourtour, quatre dauphins. Sous la tranche du cou tête de satyre barbu à d. ℞. Quadrige au galop à g., une rêne cassée traîne à terre; sous les pieds de derrière, une roue cassée à terre. Niké volant à d. couronne l'aurige. BMC. 219. Head, Coins of Syracuse, Num. Chr. 1874, pl. 5, 2. Comp. 87. Style superbe. De la plus grande rareté. Superbe. — Ce tétradrachme paraît l'œuvre de l'artiste Parménion. —
520	17.29	Æ 28	*406-399.* ΣΥΡΑΚΟΣΙΩ-Ν. Tête d'Aréthuse à g., les cheveux relevés dans une sphendone étoilée, ampyx sur le front; boucles d'oreilles rondes, collier avec un bijou pendant autour du cou. Quatre dauphins au pourtour (trois à g., un à d.). Double cercle linéaire. ℞. Quadrige au galop à g. Niké couronne l'aurige à g., à terre une feuille de lierre. A l'ex., épi de blé. BMC. 221. Du Ch. pl. 7, 76. Comp. 88. Flan très large. Superbe. — Ce tétradrachme est probablement l'œuvre d'Eucleidas. — — Catalogue Hirsch XXXIV, n° 200. —
521	17.31	Æ 26	ΣΥΡ... Tête d'Aréthuse à g , les cheveux relevés dans une sphendone étoilée, nouée au-dessus de l'ampyx; boucles d'oreilles à trois pendentifs; collier avec bijoux pendant autour du cou. Au pourtour, quatre dauphins. Cercle linéaire. ℞. Pareil au précédent. Grènetis. Cat. Jameson 823. Style superbe. Très rare. De toute beauté. — Cat. Hirsch XXXII, n° 346. —
522	17.01	Æ 25	ΣΥΡΑΚΟΣΙ-ΩΝ. Tête d'Aréthuse à g., d'un style délicieux; les cheveux relevés dans une sphendone richement étoilée et nouée au-dessus de l'ampyx. Boucles d'oreilles à trois pendentifs, collier avec des perles autour du cou. Au pourtour quatre dauphins. ℞. Pareil au précédent. BMC. 212. Tudeer pl. V, 57 (cet exemplaire). Très beau. — Ce tétradrachme paraît l'œuvre de Parménion. —
523	17.20	Æ 25	*399-387.* ..ΡΑ-Κ-ΟΣΙ-ΩΝ. Tête d'Aréthuse à g., un large bandeau dans les cheveux flottant au vent, ampyx sur le front. Boucles d'oreilles rondes, collier avec un bijou pendant autour du cou. Au pourtour quatre dauphins. Sur la tranche du cou, dans un cartouche, traces de signature d'artiste, ΕΥΚΛΕΙ. ℞. Quadrige au galop à g. Niké volant à d. couronne l'aurige. A l'ex., dauphin à g. BMC. 194. Flan très large. Superbe.
524.	17.27	Æ 25	Autre exemplaire semblable, sans la signature d'Eucleidas. BMC. 195. Du Ch. pl. 8, 93. Superbe.

Nos	Poids	Métal et Module	
525	4.26	Æ 18	ΣΥΡΑΚΟΣΙΩΝ· Tête d'Athéna presque de face, inclinée à g., coiffée d'un casque phrygien à triple aigrette, les cheveux retombant sur l'épaule. Deux colliers, un de grosses perles, autour du cou. Au pourtour quatre dauphins. Cercle linéaire. ℞. ΣΥΡΑΚΟΣΙ··· Leucaspis nu, coiffé d'un casque à aigrette, courant à d., armé d'une lance et d'un bouclier. Devant lui à terre, le corps d'un bélier. A g., à l'arrière-plan, un autel ardent, lauré. BMC. 226. Du Ch. pl. 11, 126. Style superbe, finement exécuté par Eucleidas. Superbe.
526	3.51	El. 16	*357-317. Epoque de Dion. 357-353.* Tête laurée d'Apollon à g., les cheveux retombant sur la nuque. Derrière, une couronne. ℞. ΣΥΡΑΚ-ΟΣΙΩΝ· Trépied, entre les jambes, Γ· BMC. 264. Très beau.
527	2.12	AV 12	*Epoque de Timoléon. 345-317.* ···Σ-ΕΛΕΥ···· Tête de Zeus Eleuthérios, laurée à g., de très beau style. ℞. ΣΥΡ-Α-ΚΟΣΙΩΝ· Pégase volant à g. Au-dessous, ⁛; devant, ☧· BMC. 265. Du Ch. pl. 14, 155. Très beau. — Collection R. Allatini. —
528	8.65	Æ 24	ΣΥΡΑΚΟΣΙΩΝ· Tête d'Athéna à d., coiffée du casque corinthien muni d'un couvre-nuque. ℞. Pégase volant à g. BMC. p. 185, 271a. Superbe.
529	8.46	Æ 22	Un autre exemplaire semblable. BMC. (Corinthe) p. 98, 5. Très beau.
530	2.64	Æ 16	Tête de femme à g. (Cyané?), les cheveux relevés; derrière, une tête de lion à g. Au-dessous, ΕΥ· ℞. ΣΥΡΑΚΟΣΙΩΝ· Pégase volant à g. BMC. 273. T.B.
531	2.06	Æ 14	·ΥΡΑΚ-Ο-ΣΙ-··· Tête d'Athéna presque de face, coiffée d'un casque athénien à triple aigrette ; collier de grosses perles autour du cou. A g., deux dauphins. Cercle linéaire. ℞. Cavalier nu au pas à d. Derrière lui, un épi de blé et une étoile. Sous le cheval, Ν· Cercle linéaire. BMC. 281. Superbe. — Collection Paul Mathey. —
532	1.30	Æ 12	ΣΥΡ-ΑΚΟ-ΣΙΩΝ· Tête d'Aréthuse à g., les cheveux relevés; collier et boucles d'oreilles. Au pourtour trois dauphins. ℞. Protomé de pégase, au galop à g. Au-dessus, une étoile. BMC. 277. Du Ch. pl. 11, 133. Très beau. — Provenant des collections Benson no 361, Headlam no 149 et Alexandre Mann, Londres 1917. —
533	4.25	AV 15	*317-289. Règne d'Agathoclès (première époque. 317-310).* Tête laurée d'Apollon à g., les cheveux courts. ℞. ΣΥΡ-Α-ΚΟ-ΣΙΩ-Ν· Bige au galop à d. Sous les chevaux, triskèle. BMC. 340. Très beau.
534	17.13	Æ 27	Tête d'Aréthuse à g. (copiée d'après les décadrachmes d'Evainète), couronnée de roseaux, les cheveux relevés; boucles d'oreilles à trois pendentifs, collier de perles. Sous le cou, ΝΙ· Au pourtour, trois dauphins. Grènetis. ℞. ΣΥΡΑΚΟΣΙΩΝ· Quadrige au galop à g. Au-dessus, triskèle. A l'ex., ΑΙ· Cercle linéaire. BMC. 348. De toute beauté.
535	8.52	Æ 21	Tête d'Athéna à d., coiffée d'un casque corinthien à aigrette, orné d'un griffon et muni d'un couvre-nuque. Collier autour du cou. ℞. ΣΥΡ-ΑΚ-ΟΣΙΩ-Ν· Pégase volant à g. Au-dessous, une triskèle. BMC. (Corinthe) p. 99, 8. Superbe.

Nos	Poids	Métal et Module	
536	16.67	Æ 25	*310-304 (Avec le nom d'Agathocle).* **ΚΟΡΑΣ·** Tête de Koré à d., couronnée d'épis, les cheveux retombant sur la nuque et liés à l'extrémité. Boucles d'oreilles et collier de perles. ℞. **ΑΓΑΘΟΚΛΕΙΟΣ·** Niké, à demi-nue à d., tenant un marteau et dressant un trophée. A d., une triskèle. Cercle linéaire. BMC. 379. Du Ch. pl. 9, 101. De toute beauté.
537	16.88	Æ 27,5	Même droit; style rude. Grènetis. ℞. Même légende et même type; triskèle derrière la Niké. Grènetis. BMC. 381. Très beau.
538	16.90	Æ 24	Même type à g., de meilleur style. ℞. Semblable au précédent. BMC. 386. Très beau.
539	5.69	AV 17	*304-289.* Tête d'Athéna à d., coiffée d'un casque corinthien à aigrette, orné d'un griffon; les cheveux retombant sur la nuque. Boucles d'oreilles et collier de perles. ℞. **ΑΓΑΘοΚΛΕοΣ | ΒΑΣΙΛΕοΣ·** Foudre ailé; en haut, ⳩· BMC. 421. F.D.C.
540	6.82	Æ 19	Tête d'Athéna à g., coiffée du casque corinthien muni du couvre-nuque. Boucles d'oreilles et collier de perles. ℞. Pégase volant à g. Au-dessous, triskèle. BMC. (Corinthe), p. 99, 14. Superbe.
541	6.77	Æ 20	Tête d'Athéna à d., coiffée du casque corinthien. Boucles d'oreilles et collier de perles. Derrière la nuque, chouette debout à d. ℞. Pégase volant à g. BMC. p. 99, 17. Superbe.
542	6.80	Æ 19,5	Même tête d'Athéna. ℞. Pégase volant à g. En haut, une étoile. Cf. BMC. p. 99, 17. Superbe.
543	4.25	AV 17	*288-279. Hicétas, tyran.* **ΣΥΡΑΚΟΣΙΩΝ·** Tête de Perséphone à g., couronnée d'épis; les cheveux relevés. Boucles d'oreilles à trois pendentifs, collier de perles. Derrière la nuque, une torche allumée. Grènetis. ℞. **ΕΠΙ ΙΚΕΤΑ·** Niké conduisant un bige au galop à d. En haut ó sous les chevaux, ⊙. BMC. 432. Comp. 100. Superbe.
544	12.68	Æ 25,5	Tête de Perséphone à g., couronnée d'épis, les cheveux retombant sur la nuque; derrière, une abeille. Grènetis. ℞. **ΣΥΡΑΚΟΣΙΩΝ·** (à l'ex.). Niké conduisant un bige au galop à g. En haut une étoile. BMC. 436. Comp. 101. De toute beauté. F.D.C. — Ancienne collection Duruflé Paris, n° 228. —
545	4.25	AV 15,5	*Hiéron et sa maison: 274-216.* Tête de Perséphone à g., couronnée d'épis, les cheveux retombant sur la nuque. Boucle d'oreilles et collier de perles. Derrière la nuque, une palme enguirlandée. Grènetis. ℞. **ΙΕΡΩΝΟΣ.** Femme drapée conduisant un bige au galop à d. BMC. 509. Très beau.
546	4.26	AV 15	Même tête d'un très beau style et d'un très haut relief. Derrière la nuque, une torche allumée. ℞. Même légende. Même bige au galop à g. Sous les chevaux, **Γ·** BMC. 513, var. Superbe. — Vente Jewet, Londres 1909, n° 7. —
547	4.25	AV 16,5	Tête semblable; derrière la nuque, bucrane. Grènetis. ℞. Même légende et même type. Sous les chevaux, **Ε·** Cercle linéaire. BMC. 518. Superbe.
548	4.24	AV 16	Tête semblable; derrière la nuque, une abeille. Grènetis. ℞. Même légende et même type; sous les chevaux, ΑΡ· BMC.—. Très beau. — Vente Earle, Philadelphie 1912. —

Nos	Poids	Métal et Module	
549	4.05	AR 19	Tête de Perséphone à g., couronnée d'épis, les cheveux retombant sur la nuque (style carthaginois). Boucles d'oreilles et collier simple. Derrière la nuque, corne d'abondance. Grènetis. ℟. **ΙΕΡΩΝΟΣ** (en bas). Femme drapée, conduisant un bige au galop à g. Sous les chevaux **Α**. Grènetis. BMC., Head etc. — De toute rareté. Superbe.
550	6.45	AR 21	Tête imberbe de Gélon, fils d'Hiéron, diadémée à g. Derrière la nuque, corne d'abondance. Grènetis. ℟. **.ΥΡΑΚΟΣΙΟΙ** (en haut). Niké conduisant un bige au pas à d. En haut, **ΑΦ**; dans le champ à d., **ΒΑ**; à l'ex, **ΓΕΛΩΝΟΣ**. BMC. 532. Superbe. — Collection F. S. Benson, Londres 1909, n° 384. —
551	14.12	AR 26.5	Tête voilée à g. de Philistis, épouse d'Hiéron II, un bandeau dans les cheveux. Derrière, une palme. ℟. **ΒΑΣΙΛΙΣΣΑΣ | ΦΙΛΙΣΤΙΔΟΣ**. Niké conduisant un quadrige au pas à d. Entre les jambes du cheval le plus éloigné, **Α**. BMC. 540. Superbe.
552	13.59	AR 26	Même tête; derrière, une torche allumée. ℟. Même légende. Niké conduisant un quadrige au galop à d. Sous les chevaux, **Ε**. BMC. 546. Superbe. — Vente Earle, Philadelphie 1912. —
553	13.55	AR 26	Même tête; derrière, un épi de blé. ℟. Pareil au précédent. En haut, un croissant; sous les chevaux, un épi de blé. BMC. 549. Superbe.
554	14.14	AR 25	Même tête; derrière, une couronne. ℟. Même légende. Niké conduisant un bige au pas à d. Dans le champ à d., **Α**. BMC.—, cf. BMC. 557. Superbe.
555	4.37	AR 18	Même tête; derrière, une palme. Grènetis. ℟. Même légende. Niké conduisant un bige au galop à g. Symbole indistinct sous les chevaux. Cercle linéaire. BMC. —. Très beau.
556	4.46	AR 18	Un autre exemplaire semblable. Sous les chevaux, **Ε**. BMC. —, cf. BMC. 559. T.B.
557	6.85	AR 23.5	*Après la première guerre punique.* ***241** av. J.-C.* Tête de la reine Philistis comme Déméter, voilée à g., couronnée d'épis. Derrière, une couronne enguirlandée. Grènetis. ℟. **ΣΙΚΕΛΙΩΤΑΝ** (à l'ex.). Niké conduisant un quadrige au galop à d. En haut, **ΗΣ**. Cercle linéaire. BMC. 563. Du Ch. pl. 10, 112. Comp. 103. Très beau style. Flan extrêmement large. De la plus insigne rareté. Le plus bel exemplaire connu. — Catalogue Hirsch XXXI, n° 231. — — Après la fin de la première guerre punique, la Sicile fut partagée entre Rome et Hiéron. La monnaie ci-dessus fut probablement frappée pour avoir cours dans le domaine sicilien attribué à Hiéron. —
558	2.12	AV 13	*Hiéronyme, petit-fils d'Hiéron II.* ***216-215**.* Tête de Perséphone à g., couronnée d'épis; les cheveux retombant sur la nuque, liés à l'extrémité. Boucles d'oreilles et collier. Derrière, une couronne. ℟. **ΒΑΣΙΛΕΟΣ | ΙΗΡΩΝΥΜΟΥ**. Foudre ailé; au-dessus, **ΑΦ**. Cercle linéaire. BMC. —, cf. BMC. 636. Head, Coins of Syracuse pl. 12, 9. Comp. 104. De la plus extrême rareté. Très beau. — Le droit de cette monnaie rarissime correspond exactement au droit des monnaies d'or d'Hiéron, notre catalogue n° 555 sq. —

N°s	Poids	Métal et Module	
559	4.22	AR 18	Tête d'Hiéronyme à g., avec barbe naissante, un diadème dans les cheveux. ℞. Même légende et même type que ci-dessus. Au-dessus du foudre, ΞΑ· BMC. 644, var. Superbe. — Après l'assassinat d'Hiéronyme, une démocratie fut établie une dernière fois avant la chute finale de la ville devant les armes romaines.
560	13.57	AR 26	*Restitution de la démocratie. 215-212.* Tête de Zeus, laurée à g. Grènetis. ℞. ΣΥΡΑΚΟΣΙΩ·· Niké conduisant un quadrige au galop à d. Sous les chevaux, ΞΑ· BMC. 650, var. Comp. 105. De la plus insigne rareté et de toute beauté. — Cat. Hirsch XXXII, n° 397. —
561	10.09	AR 24	Tête d'Athéna à g., coiffée du casque corinthien à aigrette, les cheveux retombant sur la nuque et liés à l'extrémité. L'égide nouée autour du cou. Grènetis. ℞. ΣΥΡΑΚΟΣΙΩΝ· Artémis chasseresse marchant à g., accompagnée de son chien bondissant à g. Elle est vêtue d'une tunique courte, le carquois à l'épaule et tirant de l'arc. Dans le champ à g., ΣΩ· Cercle linéaire. BMC. 651. F.D.C.
562	10.22	AR 24,5	Même tête d'Athéna; le casque orné d'un griffon. ℞. Même type et même légende. Dans le champ à g., ΥΑ | ΣΛ· BMC. 652. F.D.C.
563	6.79	AR 21	Même droit. ℞. ΣΥΡΑΚΟΣΙΩΝ· Foudre ailé. Au-dessous, ΥΑ-Σ· BMC. 657. Superbe.
564	4.81	AR 20	Tête barbue d'Héraclès à g., coiffée de la peau de lion. Grènetis. ℞. ΣΥΡΑΚΟΣΙΩΝ· Niké conduisant un bige au galop à d. Sous les chevaux, ΞΑ· Cercle linéaire. BMC. 659. Du Ch. pl. 11, 132. De toute rareté et de toute beauté. — Catalogue Hirsch XXXII, n° 404. —
565	2.22	AR 14	Tête d'Apollon laurée à g.; les cheveux retombant sur la nuque. Grènetis. ℞. ΣΥ.... Tyché (?) drapée debout à g., son voile gonflé par le vent, au-dessus de la tête, tenant un rouleau à demi déroulé et une palme. BMC. 663. T.B.
			Tauroménium
566	0.51	AV 8	*Vers 300.* Tête d'Athéna à d., coiffée du casque corinthien à aigrette. Grènetis. ℞. Chouette debout à d. Dans le champ à g., monogramme. BMC. (sous Panorme) p. 122, 6. Hill, Coins of Sicily pl. 12, 16. Head, Hist. Num. 1911, p. 188. Très rare. T.B.
567	0.36	AV 6,5	Tête laurée d'Apollon à d., les cheveux retombant sur la nuque. Grènetis. ℞. Lyre; à d. monogramme. Cercle linéaire. Hill, l. c., pl. 12, 17. Head, l. c., p. 188. Très rare. Beau.
568	1.07	AV 11	*275-210.* Tête laurée d'Apollon à d., les cheveux retombant sur la nuque. Derrière, omphale, autour duquel s'enroule un serpent. Grènetis. ℞. ΤΑΥΡΟΜΕ-ΝΙΤΑΝ· Trépied. A d., Ͱ· BMC.—, cf. BMC. 1 sq. Superbe.
569	1.—	AV 10	Un autre exemplaire pareil. Superbe.
570	1.06	AV 10	Même tête à g. Symbole indistinct. ℞. Semblable au précédent; dans le champ à d., monogramme et goryte. BMC.—, cf. BMC. 8. Superbe.
571	3.17	AR 19	Même tête d'Apollon à d. Derrière, une étoile. Grènetis. ℞. Même légende et même type. BMC. 10. Superbe.

Nos	Poids	Métal et Module	
572	3.09	AR [17]	Même droit. ℟. Même tête d'Apollon à g., incus. Essai monétaire très intéressant. Très rare. Superbe.
573	0.83	AR [10.5]	Tête de taureau de face. ℟. **TAY-POM**. Grappe de raisin. Cercle linéaire. BMC. 7. De toute beauté.
			ZEUGITANE
			Carthage
574	0.81	AV [7.5]	Monnaies Siculo-puniques. *410-310*. Tête de cheval à d. Grènetis. ℟. Dattier (Φοῖνιξ). Grènetis. Müller, Numismatique de l'ancienne Afrique, Copenhague 1860, II, p. 87, 7. Superbe.
575	17.37	AR [25]	Cheval au galop à d. Niké volant dessus à d. le couronne. Grènetis. ℟. Sans légende. Dattier. Grènetis. M. II, p. 78, 33. Comp. 349. Superbe.
576	16.85	AR [26]	Protomé de cheval au galop à g. Niké volant à g. le couronne. Devant, un grain d'orge. Grènetis. ℟. [illegible] *(Karth Khadasath = nouvelle cité de Carthage)*. Dattier. Cercle creux. M. II, p. 74, 2. Superbe.
577	17.17	AR [25.5]	Même type à d. ℟. Même légende et même type. M. II, p. 74, 2. Comp. 348. Superbe.
			— Hirsch, Cat. XXXII, n° 610. —
578	17.29	AR [28]	Tête imberbe d'Héraclès à d., coiffée de la peau de lion. Grènetis. ℟. [illegible] (*'Am he Makhan = peuple du camp*). Tête de cheval à g. Derrière, un dattier; devant le cou, épi de blé. Grènetis. M. II, p. 75, 11. Superbe.
579	17.29	AR [26]	Tête d'Aréthuse à g., couronnée de roseaux, les cheveux relevés; boucles d'oreilles à trois pendentifs, collier de perles. Au pourtour quatre dauphins. Grènetis. ℟. [illegible] (*'Am Makhan*). Même type, de très beau style. Cercle linéaire. M. II, p. 75, 13. Superbe.
580	17.40	AR [26]	Tête semblable d'Aréthuse d'un style magnifique, copie parfaite du décadrachme syracusain d'Evainète. Sous le menton, pétoncle. Grènetis. ℟. Même légende et même type. Cercle linéaire. M. II, p. 75, 14. Comp. 354. Superbe.
			— Collection F. S. Benson, Londres 1909, n° 796. —
581	17.02	AR [23]	Tête de Perséphone à g., d'un très haut relief et d'un joli style, couronnée d'épis; les cheveux relevés; boucles d'oreilles à trois pendentifs et collier. Derrière, [illegible]. ℟. Cheval au pas à g. A l'arrière-plan, un dattier. Champ concave. M. II, p. 76, 22. Très beau.
582	17.27	AR [24]	Un deuxième exemplaire. T.B.
583	17.07	AR [25]	Tête d'Aréthuse à g., d'un très joli style, couronnée de roseaux, les cheveux relevés; boucles d'oreilles à trois pendentifs et collier de perles. Au pourtour quatre dauphins. ℟. Tête de cheval à g. Derrière, un dattier; sous le cou, [illegible]. Champ concave. M. II, p. 76, 23. De toute beauté.
584	16.46	AR [27]	Tête semblable, d'un très haut relief et d'un très beau style (ressemblant beaucoup aux types des monnaies d'Oponte). Devant la tête, dauphin et caducée affrontés. ℟. Pareil au précédent. Cercle linéaire. M. II, p. 75, 16. Superbe.

N°s	Poids	Métal et Module	
585	16.87	Æ 27	Tête semblable d'Aréthuse à d. Devant, thymiatérion. Grènetis. ℟. ꟼ (Khab). Cheval au pas à d., couronné par Niké volant devant lui à g. Dans le champ à d., un caducée. M. II, p. 77, 28. Comp. 353. Très beau.
586	17.14	Æ 28	Même droit. ℟. Ħ-9 (Khab). Type pareil au précédent, à g. M. —. Très beau.
587	17.42	Æ 28	Un deuxième exemplaire. Niké et le caducée, hors du flan. Superbe.
588	17.21	Æ 28.5	Même tête à gauche, de très beau style. ℟. 9Ħ (Khab). Type pareil au précédent, à droite. M. —. Comp. 352. Superbe. — Collection Joseph E. Gay. —
589	16.68	Æ 25	Tête semblable de très joli style, à. d. ℟. Cheval au pas à d. A l'arrière-plan, un dattier. Type M. II, p. 77, 29 (mais sans légende). Superbe.
590	18.01	Æ 24	Un deuxième exemplaire semblable. T.B.
591	17.23	Æ 24	Tête de Perséphone à g., couronnée d'épis, les cheveux relevés; boucles d'oreilles et collier. ℟. Cheval à g., levant le pied droit de devant. A l'arrière-plan, un dattier. M. II, p. 77, 30. T.B.
592	17.00	Æ 24	Tête de Perséphone à d., couronnée d'épis; les cheveux relevés; boucles d'oreilles à trois pendentifs et collier. Au pourtour, des dauphins. Grènetis. ℟. Cheval debout à d. A l'arrière-plan, un dattier. Devant, un caducée. M. II, p. 77, 31. Superbe.
593	17.29	Æ 29	Tête d'Aréthuse à d., couronnée de roseaux; les cheveux relevés; boucles d'oreilles à trois pendentifs, collier de perles. Au pourtour, quatre dauphins. Grènetis. ℟. Cheval à d., se cabrant. A l'arrière-plan, un dattier. Type de M. II, 76, 40. Comp. 350. Flan très large. Très beau. — Collection Paul Mathey, Paris. —
594	17.23	Æ 24	Tête d'Aréthuse de très beau style dans le genre d'Evainète, à g., couronnée de roseaux; les cheveux relevés, boucles d'oreilles à trois pendentifs, collier de perles. Au pourtour, des dauphins; entre les deux placés devant la tête d'Aréthuse, un petit globule. Grènetis. ℟. Cheval marchant à d. A l'arrière-plan, un dattier. M. II, p. 78, 41. Très beau.
595	17.10	Æ 24	Tête semblable à d. Devant, deux dauphins; derrière, une grenade. Grènetis. ℟. Cheval à d., levant le pied d. de devant. A l'arrière-plan, un dattier. Type de M. II, p. 78, 43. T.B.
596	17.10	Æ 24	Même type. ℟. Type semblable au précédent; le cheval levant le pied g. Cf. M. II, p. 78, 43 et 30. Superbe.
597	17.34	Æ 25	Tête d'Aréthuse à g. d'un style magnifique; couronnée de roseaux, boucles d'oreilles à trois pendentifs, collier de perles. Grènetis. ℟. Cheval au galop à d. A l'arrière-plan, un dattier. M. II, p. 78, 44. Comp. 351. De toute beauté.
598	9.35	AV 20	*Monnaies frappées à Carthage.* **340-242.** Tête de Perséphone à g., couronnée d'épis, les cheveux relevés. Boucles d'oreilles à trois pendentifs, collier en pendeloques. Grènetis. ℟. Cheval debout à d. Grènetis. M. II, p. 84, 46. Comp. 355. Très beau style. De toute beauté. — Ancienne collection Sangorski. —

Nos	Poids	Métal et Module	
599	7.54	El 18	Tête semblable de style différent. ℞. Pareil au précédent. A l'ex., un petit globule. Type de M. II, p. 84, 50. Superbe. — Vente Earle, Philadelphie 1912. —
600	10.50	El 22	*241-146.* Tête semblable, moins de relief et de style plus plat. ℞. Cheval debout à d. Au-dessus, un disque radié entre deux uréus. M. II, p. 85, 63. Comp. 357. De toute beauté.
601	7.50	El 19	Tête semblable. ℞. Cheval debout à d. M. II, p. 84, 48. Comp. 356. Très beau. — Vente Earle, Philadelphie 1912. —
602	1.91	AV 12,5	Tête semblable; boucles d'oreilles à un pendentif, collier simple. Grènetis. ℞. Cheval debout à d. Grènetis. M. II, p. 85, 67. T.B.
603	44.27	AR 38	Tête de Perséphone à g., couronnée d'épis; les cheveux bouclés et relevés; boucles d'oreilles à trois pendentifs. ℞. Cheval se cabrant à g. M. II, p. 91, 125. Comp. 358. Beau style. De la plus grande rareté et de toute beauté. — Ancienne collection Rhousopoulos, Athènes. Cat. Hirsch XIII, nº 4621. —
604	39.05	AR 40	Tête de Perséphone à g., couronnée d'épis, semblable à la précédente, mais plus large et d'un style plat. Boucles d'oreilles à un pendentif. ℞. ϯϒ٩ǂ9 *(Bertzath).* Pégase volant à d. M. II, p. 91, 127. Comp. 359. De toute rareté. Très beau. — Collection Maxime Collignon. Vente à Paris 1919, nº 146. —
605	7.55	AR 19	Tête de Perséphone à g. couronnée d'épis, les cheveux relevés; boucles d'oreilles à un pendentif, collier en pendeloques. Grènetis. ℞. Cheval debout à d., détournant la tête; à l'arrière-plan à g., un dattier. Devant, une étoile. Grènetis. M. II, p. 89, 108. Superbe.
606	3.77	AR 19	Tête de Perséphone à g., couronnée d'épis, les cheveux relevés et liés, quelques mèches retombant sur la nuque. Boucles d'oreilles et collier en pendeloques. ℞. Cheval debout à d. Au-dessus, un disque radié entre deux uréus. Cercle linéaire. M. II, p. 87, 87. Superbe.
607	3.77	AR 19	Tête semblable de Perséphone, les cheveux relevés, boucles d'oreilles et collier simple. Grènetis. ℞. Cheval debout à d. A l'arrière-plan, un dattier. Cercle linéaire. M. II, p. 87, 85. Superbe.
608	1.82	AR 11	Même type. Grènetis. ℞. Cheval debout à d. Cercle linéaire. M. II, p. 87, 86. T.B.

CENTRE HELLÉNIQUE

MACÉDOINE

REGION DU PANGÉE

Les Orreskiens

Nos	Poids	Métal et Module	
609	26.30	AR 30	*Avant 480.* ΟΡΡΗΣΚΙΟΝ· Deux bœufs marchant à d. Entre eux se tient un héros nu, debout de face, regardant à d., tenant deux lances; sous la tête du bœuf plus proche, une fleur d'acanthe. Grènetis. ℞. Carré creux partagé en quatre carrés. BMC. p. 145, 1. Bab. pl. 45, 10. Comp. 107. De la plus grande rareté. T.B. — Collection Sir H. Weber, Londres. —

Nos	Poids	Métal et Module	
610	9.20	AR 21	Sans légende. Centaure barbu, longs cheveux nattés retombant dans le dos, à d., emportant dans ses bras une nymphe drapée. ℟. Carré creux quadripartit. BMC. p. 147, 9. Bab. pl. 46, 15. Comp. 106. Très rare. Superbe. — Collection Duruflé, Paris 1910, n° 313. —
			Néapolis
611	9.76	AR 19	*500-411.* Gorgonéion, les cheveux striés se terminant en boucles frisées sur le front. ℟. Carrés creux quadripartit. BMC. p. 84, 6. Bab. pl. 55, 14. Superbe.
612	3.75	AR 15	*411-350.* Gorgonéion, les cheveux bouclés. ℟. ΝΕ | Π-. Tête laurée de la Parthénos de Néapolis (Artémis ?) à d.; les cheveux en une boucle derrière la tête. Champ concave. BMC. 14. Superbe.
613	3.75	AR 15	Autre exemplaire semblable, d'un style différent très joli. BMC. 15. Superbe.
614	1.91	AR 13	Même description. BMC. 17. Superbe. — Vente Headlam, Londres 1916, n° 405. —
			Eïon
615	0.93	AR 11	*500-437.* Η. Oie debout à d., détournant la tête. Au-dessus, un lézard à g. Grènetis. ℟. Carré creux quadripartit. BMC. p. 74, 11. Bab. pl. 55, 10, var. T.B.
616	0.89	AR 12	Un deuxième exemplaire. T.B.
			RÉGION D'ÉMATIA
			Lété
617	9.15	AR 18.5	*Avant 500.* Satyre nu ithyphallique, debout à d., tenant par le poignet une nymphe drapée qui s'enfuit en détournant la tête. Dans le champ trois globules. ℟. Carré creux. BMC. p. 77, 1 sq. var. Bab. pl. 50, 5. Superbe.
618	9.89	AR 21	Même droit. Les deux personnages plus gros. ℟. Carré creux partagé en quatre triangles par deux diagonales. BMC. p. 77, 6. Bab. pl. 50, 10. Superbe.
619	9.97	AR 20	Un autre exemplaire semblable. Deux globules visibles dans le champ. Superbe.
620	1.13	AR 9	Satyre nu accroupi à d. Trois globules visibles dans le champ. ℟. Carré creux. BMC. 12. Bab. pl. 50, 8, var. Flan épais. T.B.
621	0.98	AR 11	Type semblable. Dans le champ deux globules. ℟. Carré creux partagé en quatre triangles par des diagonales en relief. BMC. 26. Bab. pl. 50, 15. Flan mince. Beau.
622	0.82	AR 11	Satyre nu à demi agenouillé à d. *Sinistra manum veretrum tenet.* ℟. Carré creux quadripartit. BMC. 29. Bab. pl. 50, 18. T.B.
623	1.11	AR 11	Un deuxième exemplaire semblable. Beau.

Nos	Poids	Métal et Module	
			Ægæ
624	8.62	AR 23	*500-480.* Bouc à demi agenouillé à d., regardant en arrière. Au-dessus, une rosace. Grènetis. ℟. Carré creux quadripartit. BMC. 3. Bab. I, p. 1099, 1547. Comp. 108. Très rare. Superbe. — Collection Paul Mathey. —
625	1.—	AR 12	Même type. Sous le bouc et dans le champ, trois globules. ℟. Pareil au précédent. BMC. p. 38, 6. Bab. pl. 49, 3. T.B.
			Ichnæ
626	9.24	AR 21	*500-480.* Légende illisible. Guerrier casqué, couvert de son armure, retenant son cheval qui se cabre. Dans le champ deux globules. ℟. Roue traversée par un fuseau arc-bouté par des traverses en arc de cercle. Carré creux. BMC. —. Bab. pl. 49, 12. Comp. 109. Extrêmement rare. Beau. — Collection Sir H. Weber, Londres. —
			RÉGION DE BISALTE
			Les Bisaltes
627	3.90	AR 21.5	*500-480.* Héros nu, coiffée de la causia, et tenant deux lances, debout à d. à côté de son cheval. Grènetis. ℟. Carré creux quadripartit. BMC. p. 141, 5. Bab. pl. 47, 3, var. Beau.
			Therma (?) *(Thessalonica)*
628	13.12	AR 21	*Vers 480.* Pégase marchant à d. Grènetis. ℟. Carré creux quadripartit. BMC. p. 136, 3/4 var. Bab. I, p. 1241, n° 1814 (Incertaines de Macédoine). Comp. 110. De toute rareté. Très beau. — Collection Sir H. Weber, Londres. —
			CHALCIDIQUE
			Orthagoria
629	10.49	AR 23.5	*Vers 350.* Tête d'Artémis à d., les cheveux relevés et liés derrière la tête; boucles d'oreilles à trois pendentifs; carquois sur l'épaule. Grènetis. ℟. ΟΡΘΑΓΟΡΕΩΝ. Casque de face, surmonté d'une étoile. Au-dessous, ΗΓ. Grènetis. BMC. p. 88, 1. Comp. 111. T.B.
630	2.66	AR 16	Tête d'Artémis de face, inclinée à g., les cheveux rassemblés en une natte enroulée autour de la tête; boucles d'oreilles à trois pendentifs; le carquois sur l'épaule. ℟. Même légende et même type. BMC. 5. T.B.
			Acanthe
631	17.01	AR 30	*500-424.* Lion dévorant un taureau, agenouillé à g. et détournant la tête. A l'ex., une fleur d'acanthe. Grènetis. ℟. Carré creux quadripartit. BMC. p. 31, 3, var. Bab. pl. 53, 6. Superbe.
632	17.53	AR 27	Type semblable; le taureau lève la tête. En haut, ⊙. ℟. Pareil au précédent. BMC. 4. Bab. pl. 53, 9. T.B.

Nos	Poids	Métal et Module	
633	1.98	Æ 16	Taureau agenouillé à d., détournant la tête. En haut à g., une fleur d'acanthe. Grènetis. ℟. Triskèle à jambes humaines, dans une aire circulaire plate. BMC. —, Imhoof, Monn. gr. p. 100, 141. Bab. I, p. 1175, n° 1690. Très beau. — Collection Paul Mathey. —
634	2.31	Æ 17	Un autre exemplaire semblable, le taureau tourné à g. Imh. Monn. gr. p. 100, 142. Bab. I, p. 1175, n° 1690. T.B.
635	1.14	Æ 12	Même type de taureau à d. Grènetis. ℟. Roue à quatre rais dans un carré creux. BMC. p. 155, 20, var. Bab. pl. 54, 10. Très beau. — Collection Paul Mathey, Paris. —
636	2.62	Æ 15,5	Protomé de taureau agenouillé à g., détournant la tête. En haut, ΠΕ· Grènetis. ℟. Carré creux quadripartit. BMC. p. 36, 38. Bab. type pl. 54, 13. T.B.
637	2.19	Æ 14	Autre exemplaire semblable, sans lettres. BMC. 29. Bab. pl. 54, 14. T.B.
638	2.39	Æ 16	Autre exemplaire semblable; au-dessous du taureau, Α· BMC. 36. Bab. pl. 54, 16. Très beau.
639	14.09	Æ 26	*420-400.* Lion à d., dévorant un taureau à demi agenouillé à g. et levant la tête. A l'ex., nom de magistrat, ΑΛΕΞΙΟΣ (?). Grènetis. ℟. ΑΚΑ-ΝΘ-ΙΟ-Ν autour d'un carré quadripartit en relief à fond grenu. Au pourtour un sillon carré. BMC. p. 34, 26. Comp. 112. Style superbe et d'une conservation tout à fait exceptionnelle.
640	0.46	Æ 9	Tête laurée d'Apollon à d., les cheveux retombant sur la nuque. ℟. Lyre. Cercles linéaire et creux. BMC. —, cf. BMC. p. 36, 40/41. Superbe.
			Téroné
641	16.95	Æ 25	*500-480.* Amphore, la panse ornée d'une grappe de raisin. Grènetis. ℟. Carré creux quadripartit. BMC. 2. Bab. pl. 52, 13. Comp. 113. Beau. — Catalogue Hirsch XXXI, n° 258. —
642	2.38	Æ 14	*424-420.* Satyre nu, à demi agenouillé devant une grande œnochoë qu'il embrasse de ses mains, s'apprêtant à regarder dedans. Grènetis. ℟. Τ-Ш. Bouc marchant à d. Carré creux. BMC. 9. Très rare. T.B.
			Olynthe
643	17.30	Æ 24	*Après 479.* Quadrige au pas à d., conduit par un homme drapé, tenant un fouet. En haut, un bouclier macédonien. ℟. Aigle volant à g., les ailes éployées, dans un carré creux contenu dans un autre carré creux; quatre diagonales relient les angles. BMC. p. 86, 1. Bab. pl. 52, 10. Comp. 114. Très rare. Très beau. — Collection Sir H. Montagu, Londres 1896, n° 198, et Sir H. Weber, Londres. —
644	2.35	Æ 16	Cheval bridé debout à d., attaché à une colonne ionienne (τέρμα). En haut à g., une fleur lotiforme. ℟. Ο-Λ | Υ-Ν. Aigle volant à d., dévorant un serpent. Carré creux. BMC. 3. Bab. pl. 52, 11. T.B.
			La Ligue Chalcidienne
645	14.44	Æ 23	*392-358.* Tête d'Apollon laurée à g., les cheveux retombant sur la nuque. ℟. Χ-Α-Λ | ΚΙΔ | ΕΩΝ. Lyre à sept cordes. BMC. p. 67, 3. Comp. 116. Style et conservation superbes.

Nos	Poids	Métal et Module	
646	14.32	Æ 15	Tête semblable, mais plus grande à g. ℟. Même légende. Lyre à cinq cordes. BMC. 5. T.B.
647	14.42	Æ 27	Tête d'Apollon laurée à d., d'un style ravissant; les cheveux retombant sur la nuque. ℟. Même légende. Lyre à six cordes. En bas, nom de magistrat. **ΕΠΙΑΡΙΣΤΩΝΟΣ**. BMC. 10. Comp. 117. Superbe.
648	14.48	Æ 24.5	Tête semblable d'un style sommaire. ℟. Même légende et même type. En haut, **X**; en bas, nom de magistrat, **ΑΣΚΛΗΠΙΟΔΩΡΟ** (en partie hors du flan). BMC. 11, var. Comp. 115. Superbe. — Vente Woodward, Paris, mai 1908, n° 241. —
			Scioné
649	1.86	Æ 11	*500-424*. Tête d'un héros imberbe à d. ℟. **Σ-ΚΙΟ**. Œil humain placé en diagonale dans le carré creux. BMC. (Troade) p. 174, 5. Bab. pl. 52, 4. T.B.
650	0.45	Æ 7.5	Tête juvénile imberbe à g., les cheveux courts, ceints d'un diadème. ℟. Casque à nasal corinthien à d. Carré creux. BMC. 1, var. T.B.
			Mendé
651	17.25	Æ 21	*500-450*. **ΜΙΝΔ-ΗΟΙΑ**. Ane ithyphallique à g., dressant la tête et les oreilles. Sur sa croupe est perché un corbeau qui lui béquette sous la queue. Grènetis. ℟. Carré creux partagé en huit triangles en creux et en relief. BMC. —, cf. Bab. I, p. 1138, 1616. Comp. 118. Extrêmement rare. T.B. — Vente Hirsch, cat. XXXIII, n° 618. —
652	2.79	Æ 11	**Ƴ-ΙΜ**. Ane ithyphallique debout à d. A l'arrière-plan, un cep de vigne chargé de raisin. Grènetis. ℟. Même carré creux. Bab. pl. 51, 17. T.B.
653	0.35	Æ 9	Tête d'âne à g., dressant les oreilles. Grènetis. ℟. Carré creux quadripartit. BMC. p. 813. Bab. p. 1135, n° 1608. T.B.
654	0.23	Æ 8	Même type à d. ℟. Carré creux. Bab. pl. 51, 12. T.B.
655	0.27	Æ 6.5	Même droit. ℟. Carré creux partagé en quatre par des diagonales. Bab. —. Beau.
656	0.58	Æ 9	Ane debout à d. Grènetis. ℟. Muffle de lion de face, dans un carré creux. BMC. Bab. —. B.
657	17.23	Æ 29	*450-424*. Ane debout à d., dressant la tête et les oreilles. Sur son dos, un silène demi-nu, à demi étendu à g., tenant un canthare. Devant l'âne une plante de lierre sur laquelle est perché un corbeau à d. Grènetis. ℟. **ΜΕΝ-ΔΑ-ΙΟ-Ν** autour d'un carré linéaire dans lequel un cep de vigne avec quatre grappes de raisin. Carré creux. BMC. 4, var. Comp. 119. Très rare. T.B.
658	2.20	Æ 9	Ane debout à d. A l'arrière-plan, un Silène nu à d. le tient par l'oreille. ℟. **ΜΕΝ-ΔΑ-ΙΟ-Ν**. Corbeau debout à d. Carré creux. BMC. 6. T.B. — Collection Th. Prowe, vente à Vienne 1912, n° 517. —
659	0.28	Æ 7	Protomé d'âne à g. ℟. Canthare. Carré creux. BMC. 7, var. Bab. I, p. 1142, n° 1626, var. T.B.

Nos	Poids	Métal et Module	
660	2.23	AR 14	*424-358*. Silène demi-nu, tenant un canthare, à demi étendu sur le dos de l'âne debout à d. Devant, un grain d'orge ; au-dessous, astragale. R/. **MEN-Δ-AIH·** Amphore. Carré creux. BMC. 10. T.B. — Cat. Hirsch XXXII, n° 433. —
661	2.02	AR 13	Tête imberbe de Dionysos à g., couronnée de lierre ; les cheveux retombant sur la nuque. R/. **MENΔ-···N·** Amphore. Cercle creux. BMC. Head —. Très rare. B. — Collection R. Allatini, Londres. —

Potidée

Nos	Poids	Métal et Module	
662	16.68	AR 25	*500-429*. Poseidon Hippios nu, à cheval au pas à d., portant un trident. Sous le cheval, une étoile. R/. Carré creux partagé en quatre triangles par deux diagonales. BMC. 1. Bab. pl. 52, 5. Comp. 120. T.B.
663	17.03	AR 22.5	Type semblable à g., de fabrique très globuleuse. R/. Semblable au précédent. Bab. pl. 52, 6. Comp. 121. Très beau.
664	2.59	AR 15	Même type à d. R/. Tête de femme diadémée à d., les cheveux — en pointillé — retenus par un bandeau et arrangés en une longue pointe au vertex, retombent en mèches longues sur le cou. Carré creux. BMC. 5. Bab. pl. 52, 9. T.B.
665	2.16	AR 10	Π· Cavalier sur un protomé de cheval au galop à d. R/. Tête de femme à d., de style archaïque, avec des longs cheveux. Carré creux. BMC. 9. Bab. I, p. 1151, n° 1647. B.

Dicæa

Nos	Poids	Métal et Module	
666	2.55	AR 15	*500-450*. Vache debout à d., détournant la tête pour se lécher une patte de derrière. Grènetis. R/. Carré creux partagé par un large croisillon en quatre carrés irréguliers. Bab. pl. 51, 1. Très beau.
667	2.53	AR 16.5	Coq debout à d. Grènetis. R/. Pieuvre à huit tentacules. Carré creux. BMC. Bab. —, Imhoof, Monn. gr. p. 72, 49, et cf. Bab. pl. 51, 4. Très rare. Superbe. — Ancienne collection G. Philipsen. Cat. Hirsch XXV, n° 364. —

Æneia

Nos	Poids	Métal et Module	
668	2.24	AR 15	*424-350*. Tête d'Enée à g. avec une barbe en pointe, coiffée d'un casque corinthien à aigrette. Grènetis. R/. **AI-N-E-AΣ** autour d'un carré linéaire quadripartit. Carré creux très plat. BMC. 3. Superbe. — Collection Sir H. Weber, Londres. —

Arnæ

Nos	Poids	Métal et Module	
669	0.51	AR 8.5	*392-379*. Tête laurée d'Apollon à d. R/. ··ϘA· Lyre. Champ concave. BMC. p. 62, 1. T.B. — Collection Paul Mathey, Paris. —

RÉGION DU STRYMON

Amphipolis

Nos	Poids	Métal et Module	
670	14.31	AR 24	*424-358.* Tête laurée d'Apollon de face, légèrement inclinée à d., les cheveux flottants; la chlamyde nouée au cou. Grènetis. ℞. AMΦ-IΓO-ΛIT-EΩN écrit sur un cadre carré. Au milieu, une torche de course allumée; à g., en bas, une cigale. Le tout dans un carré creux. BMC. p. 44, 3. Comp. 122. De la plus grande rareté. Style et conservation magnifiques. F.D.C. — Vente Duruflé, Paris, mai 1910, n° 304. —
671	14.18	AR 24	Même tête d'Apollon, d'un style différent très savoureux et d'un très haut relief tout à fait exceptionnel. ℞. Même légende et même type. Sans symbole. BMC. p. 44, 5. Comp. 123. De la plus grande rareté. La plus belle pièce connue. F.D.C. — Collection Sir H. Weber, Londres. — — Les magnifiques têtes de face d'Apollon sur les tétradrachmes d'Amphipolis surpassent comme œuvre d'art les types de toutes les autres villes de la Grèce du Nord. Il est certain que Cimon de Syracuse, avec son célèbre tétradrachme à la tête d'Aréthuse de face, a stimulé le zèle d'un grand nombre d'artistes graveurs, notamment ceux d'Amphipolis. La torche fait allusion à Artémis Tauropoulos, vénérée à Amphipolis. C'est en son honneur qu'eurent lieu les courses avec torches (Lampadephoria). [Cf. Head, Hist. num. p. 215.]
672	3.60	AR 14	Tête semblable d'Apollon de face, inclinée à d. Grènetis. ℞. AMΦ-IΓO-ΛIT-EΩN écrit sur un cadre carré. Au milieu une torche allumée. Carré creux. BMC. 9. Très rare. Superbe.
673	2.34	AR 14	Tête semblable d'Apollon de face, inclinée à g. Grènetis. ℞. A-M | Φ-I autour d'une torche allumée. Couronne de laurier au pourtour. Le tout dans un carré creux. BMC. 8. Très beau style. Très rare. Superbe.

Tragilus

Nos	Poids	Métal et Module	
674	0.30	AR 7,5	*450-400.* Epi de blé. Grènetis. ℞. T-R | A-I dans les quatre compartiments d'un carré creux. BMC. p. 130, 1. T.B.

Philippes

Nos	Poids	Métal et Module	
675	8.58	AV 19	*358-340. (Sous Philippe II.)* Tête d'Héraclès imberbe à d., coiffée de la peau de lion. ℞. ΦΙΛΙΓΓΩΝ. Trépied. Dans le champ à d., tête de cheval à d. BMC. p. 96, 2. Comp. 124. Très beau style. F.D.C.
676	14.06	AR 24	Même tête d'Héraclès, de très joli style. ℞. ΦΙΛΙΓΓΩΝ. Trépied enguirlandé. Au-dessus, un rameau lustral. Dans le champ à g., épi de blé. Champ concave. BMC. p. 96, 4, var. Comp. 125. Très rare. Superbe. — Collection R. Allatini. —
677	1.49	AR 13	Même tète. ℞. Même légende et même type. A d., grain d'orge. BMC. 6. T.B.

Héracleia Sintica

Nos	Poids	Métal et Module	
678	1.73	AR 13	*Ve siècle.* Tête barbue d'Héraclès à g., coiffée de la peau de lion. ℞. HP-AK-ΛE-IA autour d'un carré linéaire quadripartit. Carré creux. Head IIe éd., p. 244. Berl. Mus. p. 89, 1. T.B.

N°s	Poids	Métal et Module	ROYAUME DE MACÉDOINE
			Alexandre I. *498-454.*
679	2.46	AR 15	Cavalier macédonien, coiffé de la kausia, au pas à d., tenant deux lances. Grènetis. ℞. Carré creux quadripartit. BMC. p. 142,•7. Bab. pl. 47, 18. T.B.
			— Collection Paul Mathey, Paris. —
680	12.67	AR 25	Cavalier macédonien vêtu de la chlamyde et coiffé de la kausia, au pas à d., tenant deux lances. Cercle linéaire. ℞. Protomé de bouc à d. Carré creux bordé d'un carré linéaire. BMC. 2. Bab. pl. 48, 10. Comp. 127. Frappé à Aegae. Très rare. Très beau.
			— Collection Sir H. Weber, Londres. —
681	13.19	AR 27	Même type de cavalier à g. Grènetis. ℞. Tête de bouc (avec le cou) à d. Derrière, un caducée. Carré creux bordé d'un carré linéaire. BMC. p. 158, 1. Bab. pl. 48, 17. Comp. 126. Très rare. T.B.
682	2.20	AR 15	Type semblable de cavalier macédonien à d. Grènetis. ℞. ΑΛΕ-ΞΑ-ΝΔ-ΡΟ autour d'un carré linéaire; au centre, protomé de lion à d. Carré creux. BMC. p. 161, 23. Bab. pl. 48, 16. Très beau.
			Archélaüs I. *413-399.*
683	9.66	AR 22.5	Tête virile imberbe à d., un bandeau dans les cheveux courts. Grènetis. ℞. ΑΡΧΕ-·ΛΟ· Cheval au pas à d., la longe traînant. Carré creux bordé d'un carré linéaire. BMC. p. 164, 3. T.B.
684	10.02	AR 25	Un autre exemplaire semblable, d'un style très vigoureux. Comp. 128. T.B.
			— Collection Sir H. Weber, Londres. —
685	1.98	AR 14	Cheval libre au galop à g. ℞. ΑΡΧΕ-Λ-Α-Ο· Casque à aigrette dans un double carré linéaire. Carré creux. BMC. 7. T.B.
			Amyntas III.
686	9.36	AR 21	*389-383.* Tête barbue d'Héraclès à d., coiffée de la peau de lion. ℞. ΑΜΥ-ΝΤΑ· Cheval debout à d. Carré linéaire et carré creux. BMC. p. 171, 2. Comp. 129. Superbe.
687	9.99	AR 21.5	*381-369.* Cavalier macédonien, vêtu du chiton avec la chlamyde et coiffé de la kausia, au galop à d., brandissant une lance ; sur la croupe du cheval, Σ· ℞. ·ΜΥΝΤΑ· Lion debout à g., tenant dans sa gueule un morceau d'un javelot cassé, dont la pointe a traversé sa patte. Carré creux. BMC. p. 173, 16. Comp. 130. T.B.
			— Collection Sir H. Weber, Londres. —
			Philippe II. *359-336.*
688	17.19	AV 21.5	Tête d'Apollon laurée à d., de style gaulois. ℞. ΦΙΛΙΠΠΟΥ· Bige au galop à d. Sous les chevaux, un foudre. Cf. Babelon, Rev. num. 1892, p. 108. Wroth, Num. Chron. 1895, p. 90. Comp. 132. Très rare. Très beau.
689	8.58	AV 19	Tête laurée d'Apollon à d., les cheveux courts. ℞. ΦΙΛΙΠΠΟΥ· Bige au galop à d. Sous les chevaux, un trident. Muller, Numismatique d'Alexandre le Grand, Copenhague 1855, n° 59. Style et conservation superbes.

Nos	Poids	Métal et Module	
690	8.60	AV 18	Autre exemplaire semblable. Sous les chevaux, un canthare. M. 108 *(Mendé)*. Superbe. — « Bank » Collection 1878, et vente Sandeman, Londres 1911. —
691	8.62	AV 19	Autre exemplaire semblable. Sous les chevaux Niké stéphanophore volant à d. M. 116. *(Therma)*. De toute beauté.
692	8.60	AV 19	Autre exemplaire semblable. Sous les chevaux, bouclier béotien. M. 207. *(Thebæ)*. De toute beauté.
693	8.59	AV 18	Autre exemplaire semblable, d'un style ravissant. Sous les chevaux, ΝΔ et corne d'abondance. En bas, devant la roue du bige, ΔI· M. — Comp. 131. F.D.C. — Trouvé à Syracuse. —
694	1.88	AV 11	Tête laurée d'Apollon à g., les cheveux courts. R/. ΦΙΛ-ΙΠΠ (sic!) O-Y. Cavalier drapé, la chlamyde flottante, couronnant son cheval au repos à d. Pièce unique. Très beau. — Provenant de la collection Strœhlin, vente à Londres 1910. —
695	2.13	AV 11	Tête imberbe d'Héraclès à d., coiffée de la peau de lion. Grènetis. R/. ΦΙΛΙΠΠΟΥ. Foudre, massue et arc. Cercle linéaire. M. 3. *(Pella)*. T.B.
696	1.06	AV 9	Même droit. R/. ΦΙΛΙ-ΠΠΟΥ. Trident. M. 61. T.B.
697	0.70	AV 8	Tête laurée d'Apollon à d. R/. ΦΙΛΙΠΠΟΥ. Foudre; au-dessous, mufle de lion de face. M. 168. T.B.
698	14.46	AR 24	Tête de Zeus laurée à d., les cheveux retombant sur la nuque. R/. ΦΙΛΙΠ-ΠΟΥ. Cavalier nu (casqué?), portant une longue palme, au pas à d. Sous le cheval, un foudre. A l'ex., N· M. 11. *(Pella)*. Très beau style et d'un très beau relief. Superbe.
699	14.40	AR 24	Un autre exemplaire semblable; le cavalier a la tête ceinte d'un bandeau. Sous le cheval, grappe de raisin. M. 159. *(Maronée)*. Superbe. — Collection W. E. Hidden, Londres. —
700	14.40	AR 25	Un autre exemplaire semblable. Sous le cheval, un dauphin; entre les jambes de devant, ⊓· M. 214. De toute beauté.
701	14.43	AR 21.5	Tête semblable de Zeus. R/. ΦΙΛΙΠ-ΠΟΥ. Cavalier macédonien barbu, drapé et coiffé de la kausia, au pas à g., levant la main d. Entre les jambes de devant du cheval, M· M. 292. Superbe.
702	2.29	AR 16	Tête virile imberbe à d., une cordelette dans les cheveux courts. Grènetis. R/. ΦΙΛΙΠΠΟΥ. Cavalier nu au galop à d. Sous le cheval, une massue. Champ concave. M. 80. *(Héracleia.)* Superbe.
703	2.46	AR 15	Un autre exemplaire semblable. Sous le cheval, un épi de blé. M. 245. T.B.
704	2.62	AR 14.5	Un autre exemplaire semblable. Sous le cheval, ⊗. M. 279. T.B.
			Alexandre III le Grand. *336-323.*
705	17.18	AV 22	Tête d'Athéna à d., coiffée du casque corinthien à aigrette, orné d'un serpent; boucles d'oreilles en forme de grappe, collier de perles; les cheveux dépassent le couvre-nuque en trois mèches en tire-bouchon à g., une à d. retombe devant la gorge. R/. ΑΛΕΞΑΝΔΡΟΥ· Niké drapée debout à g., tenant une stylis et une couronne. Dans le champ à g., un foudre et un A· M. 4. *(Pella.)* Superbe.

Nos	Poids	Métal et Module	
706	17.17	AV 22,5	Autre exemplaire semblable. Dans le champ à g. du revers, un trident. M. 104. Comp. 133. Très beau.
707	8.60	AV 18,5	Même description. Symbole, un foudre devant Niké. M. 2. *(Pella.)* Superbe. — Vente Earle, Philadelphie 1912. —
708	8.56	AV 18	Même droit. ℟. **ΑΛΕΞΑΝΔΡΟΥ·** Même type de Niké; devant, tête de griffon à g. M. 293. *(Abdère.)* Superbe. — Collection Sir Edward Bunbury, Londres 1896, nº 722. —
709	8.38	AV 18	Type semblable d'Athéna, les cheveux retombent librement sur la nuque. ℟. **ΒΑΣΙΛΕΩΣ-ΑΛΕΞΑΝΔΡΟΥ·** Même type de Niké. A ses pieds, un casque corinthien à aigrette à d. M. 431. *(Mesembria.)* F.D.C.
710	8.45	AV 18	Un autre exemplaire semblable, avec le même symbole — le casque à aigrette — à g. Type M. 433. Superbe.
711	8.44	AV 16	Même droit. ℟. **ΑΛΕΞΑΝΔΡΟΥ·** Type pareil au précédent. Devant Niké, **K**; à ses pieds, **Ᵽ**· M. 491 *(Callatia.)* Superbe.
712	8.52	AV 18,5	Même droit. ℟. **ΒΑΣΙΛΕΩΣ-ΑΛΕΞΑΝΔΡΟΥ·** Même type de Niké. A ses pieds, tête de satyre chauve, à g.; derrière, **ΜΡ** dans une couronne. M. 729. T.B.
713	8.55	AV 18	Autre exemplaire pareil, mais à la place de la tête du satyre, **ΜΙ**· M. 731. Superbe.
714	8.54	AV 18	Tête semblable d'Athéna; les cheveux retombent en mèches à tire-bouchon, le casque orné d'un griffon bondissant à d. ℟. Pareil au précédent; mais **ΜΙ** dans le champ à g. et **ΜΡ** dans une couronne aux pieds de Niké. M. 732. Superbe. — Collection Headlam, Londres 1916, nº 416. —
715	8.59	AV 18	Type semblable d'Athéna; le casque orné d'un serpent; les cheveux retombent librement sur la nuque. ℟. **ΑΛΕΞΑΝΔΡΟΥ·** Même type de Niké; devant, **Ħ** · M. 759. Superbe.
716	8.61	AV 19	Un autre exemplaire semblable; devant Niké, (monogramme); derrière elle, en bas, (monogramme) M. 1586. T.B.
717	8.45	AV 18	Type semblable d'Athéna. ℟. **ΒΑΣΙΛΕ···-ΑΛΕΞΑΝΔΡΟΥ·** Même type de Niké. A ses pieds, (monogramme); derrière, **ΑΠ**· M. —. Superbe.
718	17.19	AR 25	*Monnaies frappées pendant le règne d'Alexandre ou peu après. 334-300.* Tête d'Héraclès imberbe à d., coiffée de la peau de lion. Grènetis. ℟. **ΑΛΕΞΑΝΔΡΟΥ·** Zeus aëtophore à demi nu assis à g., s'appuyant sur un sceptre. Devant, un bucrane. M. 97. *(Macédoine.)* Superbe.
719	17.19	AR 29	Autre exemplaire. Dans le champ à g., **Ε**· M. 181. *(Téroné.)* T.B.
720	17.19	AR 25,5	Autre exemplaire. Dans le champ à g., un caducée. M. 207. *(Pélagonia.)* Très beau.
721	17.26	AR 26	Autre exemplaire. Dans le champ à g., grappe de raisin. M. 306. *(Maronée.)* F.D.C. — Collection Joseph E. Gay. —
722	16.75	AR 29	Autre exemplaire semblable. Dans le champ à g., grappe de raisin et **Ᵽ**· M. 306, var. *(Maronée.)* Superbe.

Nos	Poids	Métal et Module	
723	17.15	AR 23.5	Autre exemplaire. Dans le champ à g., terme ithyphallique, barbu à g. M. 366. (*Sestos.*) T.B.
724	17.23	AR 25	Autre exemplaire semblable avec **ΑΛΕΞΑΝ-ΔΡΟΥ ΒΑΣΙΛΕΩΣ·** Dans le champ à g., corne d'abondance. M. 369. (*Cœla.*) Superbe.
725	17.15	AR 25	Un deuxième exemplaire d'un coin différent. Très beau.
726	17.17	AR 25	Un autre exemplaire, avec **ΑΛΕΞΑΝΔΡΟΥ·** Sous le siège, ♁; dans le champ à g., Artémis debout de face, tenant deux longues torches allumées. M. 397. (*Périnthe.*) Très beau style. F.D.C. — Collection Joseph E. Gay. —
727	17.28	AR 27.5	Même type à d. ℞. **ΑΛΕΞΑΝΔΡΟΥ-ΒΑΣΙΛΕΩΣ··** Type semblable au précédent. Sous le siège **ΔΙ·** Dans le champ à g., une couronne. M. 550. Très beau.
728	17.19	AR 24.5	Un autre exemplaire semblable. Dans le champ à g., un rameau (?). M. 559. Très beau.
729	17.17	AR 26	Autre exemplaire sans **ΒΑΣΙΛΕΩΣ·** Dans le champ à g., **ΚΗ·** M. 577. De toute beauté.
730	17.18	AR 26	Autre exemplaire, avec **ΒΑΣΙΛΕΩΣ·** Dans le champ à g., arc dans le carquois. M. 592. Superbe.
731	17.—	AR 27	Autre exemplaire. Dans le champ à g., Athéna Promachos combattant à d. M. 649. Très beau.
732	17.21	AR 25	Un deuxième exemplaire, sans **ΒΑΣΙΛΕΩΣ·** Superbe.
733	17.23	AR 28	Autre exemplaire. Sous le siège, [monogramme]· Dans le champ à g., trident et **Μ·** M. 680. Superbe. — Collection Bunbury, no 762. —
734	17.21	AR 26	Autre exemplaire. Sous le siège, même monogramme et **Μ·** Dans le champ à g., Niké stéphanophore volant à g. M. 687. Superbe.
735	17.10	AR 26	Autre exemplaire. Dans le champ à g., **Μ·** M. 836. F.D.C.
736	17.22	AR 26.5	Autre exemplaire avec **ΒΑΣΙΛΕΩΣ·** Dans le champ à g. bonnet phrygien. M. 854. Superbe.
737	17.15	AR 26	Un deuxième exemplaire. Superbe.
738	17.16	AR 26	Un troisième exemplaire; dans le champ du renvers, *graffitto:* une palme. Superbe.
739	17.17	AR 24	Un quatrième exemplaire. Superbe.
740	17.19	AR 25	Un autre exemplaire. Dans le champ à g., [monogramme]· M. 862. Superbe.
741	17.22	AR 27	Autre exemplaire, sans **ΒΑΣΙΛΕΩΣ·** Sous le siège, **ΔΑ·** Dans le champ à g., protomé de bélier sautant à d. M. 1338. (*Damas.*) F.D.C. — Collection R. Allatini, Londres. —
742	17.19	AR 26	Un deuxième exemplaire semblable. Superbe.
743	17.24	AR 25	Un troisième exemplaire semblable. Superbe.
744	17.14	AR 26	Autre exemplaire, avec **ΒΑΣΙΛΕΩΣ·** Sous le siège, [monogramme]· Dans le champ à g., **Σ·** M. 1364. (*Arados.*) T.B.

Nos	Poids	Métal et Module	
745	17.14	AR^{26}	Autre exemplaire. Sous le siège, A· Dans le champ à g., un caducée debout. M. 1370. (*Arados.*) T.B.
746	17.20	AR^{28}	*Pièces frappées après la mort d'Alexandre, vers 300-280.* Même tête d'Héraclès. ℟. ΑΛΕΞΑΝΔΡΟΥ· Zeus aëtophore assis à g., comme ci-dessus. Sous le siège, ΔΙ; devant, un foudre. M. 7. (*Pella.*) F.D.C.
747	16.96	AR^{26}	Autre exemplaire. Sous le siège, un canthare; devant Λ et une torche allumée. M. 60. (*Amphipolis.*) T.B.
748	17.12	AR^{25}	Tête imberbe d'Héraclès à gauche, coiffée de la peau de lion. ℟. ΑΛΕΞΑΝΔΡΟΥ· Zeus aëtophore à demi nu assis à g. s'appuyant sur un sceptre. Dans le champ à g., une abeille. M. 507. (*Mélitæa.*) Comp. 134. De toute rareté et de toute beauté. — Collection R. Allatini, Londres. —
749	17.26	AR^{31}	Même tête d'Héraclès à d. ℟. Même type de Zeus aëtophore. Sous le siège, A; devant, petyle surmonté d'une étoile. M. 641 sq., var. Flan très large. F.D.C. — Vente Earle, Philadelphie 1912. —
750	17.15	AR^{26}	Autre exemplaire avec ΒΑΣΙΛΕΩΣ· Sous le siège, ΜΙ; devant, ΜΡ dans une couronne. M. 734. Superbe.
751	17.20	AR^{28}	Autre exemplaire, sans ΒΑΣΙΛΕΩΣ· Sous le siège, Α· Devant, tête de bélier, ornée de la coiffure d'Isis. M. 1517. (*Egypte.*) F.D.C.
752	17.15	AR^{26,5}	Autre exemplaire, dans le champ à g., Ⱨ· M. —. F.D.C.
753	17.08	AR^{28}	*Pièces frappées entre 250 et 200.* Même tête d'Héraclès. ℟. ΑΛΕΞΑΝΔΡΟΥ-ΒΑΣΙΛΕΩΣ· Même type de Zeus aëtophore. Sous le siège, Δ· Devant, Φ au-dessous d'une étoile à huit rayons. M. 409, var. (*Odessos.*) F.D.C.
754	17.07	AR^{29}	Un autre exemplaire; sous le siège, ΝΟ· Dans le champ à g., éphèbe nu debout à d., levant les deux bras au-dessus de la tête; une longue bandelette nouée lui pend dans le dos. M. 874. (*Sicyone.*) F.D.C.
755	16.90	AR^{29}	Autre exemplaire, sans ΒΑΣΙΛΕΩΣ· Sous le siège, ⊗· Dans le champ à g., une torche allumée et ΗΙ· M. 910. (*Cyzique.*) Très beau.
756	16.39	AR^{31,5}	*Pièces frappées après 200.* Même tête d'Héraclès, de style gaulois. ℟. ΒΑΣΙΛΕΩΣ· ΑΛΕΞΑΝΔΡΟΥ· Même type de Zeus aëtophore. Sous le siège, ⱧΙ· Dans le champ à g., ΘΕ· M. 420. (*Odessos.*) T.B.
757	16.78	AR^{32}	Autre exemplaire, sans ΒΑΣΙΛΕΩΣ· Dans le champ à g., un vase à une anse. M. 952. (*Temnos.*) Flan très large. Superbe.
758	16.55	AR^{34}	Autre exemplaire. Dans le champ à g., même vase, surmonté d'une branche de vigne avec deux grappes de raisin; au-dessus, ΠΕ· M. 956. (*Temnos.*) Très beau.
759	16.83	AR^{34}	Autre exemplaire d'un style rude. Dans le champ à g., trident et Μ· M. 1141. (*Mylasa.*) Superbe.
760	16.60	AR^{34}	Autre exemplaire semblable. Sous le siège, Α· Dans le champ à g., pégase volant à g. M. 1144. (*Alabanda.*) Superbe.
761	15.80	AR^{32}	Autre exemplaire. Sous le siège, Β· Dans le champ à g., un trépied. M. 1151. (*Cnide.*) Très beau.

Nos	Poids	Métal et Module	
762	17.02	AR 31	Autre exemplaire semblable. Sous le siège, PO· Dans le champ à g., une rose sur sa tige et [monogramme]· M. 1156. (*Rhodes.*) Superbe.
763	16.94	AR 31	Autre exemplaire. Sous le siège, PO· Dans le champ à g., une rose sur sa tige et nom de magistrat, ΔΑΜΑΤΡΙΟΣ· M. 1162. (*Rhodes.*) Rare. Superbe. — Collection Lord Ashburnham. Vente à Londres 1895, n° 85. —
764	16.77	AR 33	Autre exemplaire. Dans le champ à g., ΑΣ | ΙΗ· M. 1209. (*Aspendos.*) Très beau.
765	4.25	AR 17,5	Même description. Sous le siège de Zeus, [monogramme]; dans le champ à g., ΚΙ· M. 823. (*frappée vers 280.*) Superbe.
766	4.23	AR 18	Autre exemplaire. Dans le champ à g., une tête de bélier à g. M. 998. (*frappée à Clazomène, entre 250 et 200.*) T.B.
767	4.17	AR 18	Autre exemplaire. Sous le siège, bipenne ; dans le champ à g., [monogramme]· M. 1139. (*frappée en Carie, entre 250 et 200.*) T.B.
768	2.11	AR 14,5	Même description. Sous le siège, ΘΕ· Dans le champ à g., [monogramme]· Cf. M. 1513. (*frappée en Syrie, entre 300 et 280.*) Très beau. — Collection Paul Mathey, Paris. —
769	0.66	AR 9	Même description. Dans le champ à g., une lettre indistincte. Très beau.
770	0.65	AR 9	Un autre exemplaire. T.B.
			Philippe III Aridée. *323-316.*
771	8.57	AV 18	Tête d'Athéna à d., coiffée du casque corinthien à aigrette, orné d'un griffon bondissant à d.; boucles d'oreilles et collier de perles; les cheveux retombent sur la nuque. ℟. ΦΙΛΙΠΠΟΥ· Niké stéphanophore marchant à g., tenant un stylis. A ses pieds à g., une corne d'abondance. M. 59, var. (*Cœla.*) De toute beauté.
772	8.58	AV 17	Droit semblable, le casque orné d'un serpent; les cheveux retombent en trois mèches en tire-bouchon. ℟. Type pareil au précédent. Dans le champ à g., un serpent; en bas à g., [monogramme]· M. 77. De toute beauté.
773	8.58	AV 18	Droit semblable; les cheveux retombent librement sur la nuque. ℟. ΦΙΛΙΠΠΟΥ-ΒΑΣΙΛΕΩΣ· Même type. Aux pieds de Niké à g., ΛΥ; à d., Μ· M. 97. (*Lycie.*) De toute beauté.
774	17.20	AR 26	Tête imberbe d'Héraclès à d., coiffée de la peau de lion. Grènetis. ℟. ΦΙΛΙΠΠΟΥ-ΒΑΣΙΛΕΩΣ· Zeus aëtophore à demi nu assis à g., s'appuyant sur un sceptre. Sous le siège, ΛΥ; dans le champ à g., Μ· M. 99. (*Lycie.*) Superbe.
775	17.19	AR 25	Autre exemplaire, sans ΒΑΣΙΛΕΩΣ· Sous le siège, [monogramme]; dans le champ à g., ΜΕ; M. . (*Arados?*) F.D.C.
776	4.29	AR 15,5	Même description. Sous le siège, ΦΙ (sic!). Dans le champ à g., une étoile. M. 36, var. (*Acroathon.*) F.D.C.

Nos	Poids	Métal et Module	
			Démétrius Poliorcète. *306-283.*
777	16.91	Æ 29.5	Proue de navire à g. Sur le pont supérieur, Niké drapée marchant à g., tenant un stylis et sonnant de la trompette. Grènetis. ℞. ΔΗΜΗΤΡΙΟΥ-ΒΑ-ΣΙΛΕΩ-Σ· Poseidon nu marchant à g., portant la chlamyde enroulée à son bras g. et brandissant le trident de la main d. Dans le champ à d., ₳· Grènetis. Cf. Head, IIe éd. p. 229, fig. 141. Comp. 136. Très beau.
778	1.95	Æ 12	Même description. Au revers dans le champ à d., Ⓝ ; à g., Α· Beau.
779	8.61	AV 20	Tête de Démétrius diadémée et cornue à d. ℞. ΒΑΣΙΛΕΩΣ-ΔΗΜΗΤΡΙΟΥ· Cavalier macédonien imberbe, drapé et coiffé de la kausia, la lance en arrêt, au galop à d. Sous le cheval, ⁂ ; derrière, en bas, ₳· Cat. Jameson 1002. Comp. 135. De la plus grande rareté. F.D.C. — Collection Sir H. Weber, Londres. —
780	17.33	Æ 27.5	Même tête. ℞. ΒΑΣΙΛΕΩΣ·ΔΗΜΗΤΡΙΟΥ· Poseidon, demi-nu, assis à g. sur un rocher, s'appuyant sur le trident et tenant un aplustre. Dans le champ à g., Μ· Cat. Jameson 1006. Superbe.
781	17.32	Æ 22	Même tête. Grènetis. ℞. Même légende. Poseidon nu, debout à g., s'appuyant sur le trident, le pied d. posé sur un rocher. Dans le champ à g., ⁂ ; à d., Δ· Head, IIe éd. p. 230, fig. 142. Comp. 137. Flan extrêmement large. Superbe.
			Antigone Gonatas, *277-239, et* **Antigone Doson,** *229-220.*
782	17.02	Æ 31.5	Tête de Poseidon à d., couronnée d'algues, les cheveux retombant sur la nuque. Grènetis. ℞. ΒΑΣΙΛΕΩΣ | ΑΝΤΙΓΟΝΟΥ écrit en deux lignes sur une proue de navire à g. Sur le pont supérieur Apollon nu, les cheveux retombant en boucles sur les épaules, assis à g. et tenant son arc. En bas, [monogramme]· Cf. Head, IIe éd. p. 231, 143. Comp. 138. Superbe.
783	16.84	Æ 22	Un deuxième exemplaire semblable. Sous la proue, [monogramme]· T.B.
784	17.19	Æ 31	Bouclier macédonien, orné au pourtour de croissants et d'étoiles. Au centre, dans un double cercle linéaire, une tête de Pan cornue imberbe à g., le lagobole sur la nuque. ℞. ΒΑΣΙΛΕΩΣ-ΑΝΤΙΓΟΝΟΥ· Athéna Alkis, drapée et casquée, debout à g., portant un bouclier recouvert de l'égide et brandissant un foudre. Dans le champ à g., un casque; à d., [monogramme]· Cat. Jameson, 1009. De toute beauté.
785	17.05	Æ 31.5	Un autre exemplaire semblable; la tête de Pan plus grande et de très beau style. Très beau. — Collection Bunbury, n° 819. —
			Philippe V. *220-179.*
786	16.82	Æ 31.5	Bouclier macédonien, orné au pourtour de croissants et d'étoiles. Au centre, dans un double cercle linéaire, la tête du héros Persée sous les traits du roi, barbue et coiffée du casque phrygien, se terminant en tête de griffon et orné d'ailes. La harpe sur l'épaule. ℞. ΒΑΣΙΛΕΩΣ-ΦΙΛΙΠΠΟΥ· Massue. En haut, [monogramme] ; en bas, Σ-[monogramme]· Le tout dans une couronne de chêne. Head p. 233, fig. 146. Très rare. De toute beauté.

N^os	Poids	Métal et Module	
787	8.29	Æ 25.5	Tête du roi barbue à d., un large diadème dans les cheveux bouclés. ℞. Même légende et même type. Monogrammes : en haut, ; en bas, et . Dans le champ à g., une étoile. Cat. Jameson 1012. Superbe.
788	4.21	Æ 18	Même description. Monogrammes : en haut, ; en bas, ΜΕ et . De toute beauté.
			Monnaies autonomes sans nom de roi. *185-168.*
789	2.62	Æ 15	Bouclier macédonien, comme ci-dessus. Au centre, ΜΑ | ΚΕ et une massue. ℞. Casque macédonien. Dans le champ à g., ΣΣ | ; à d., ΔΙ et trident. BMC. p. 9, 11. Superbe.
790	2.36	Æ 15	Même bouclier macédonien. Au centre, une étoile à six rayons. ℞. ΜΑΚΕ-ΔΟΝΩΝ· Proue de navire à d. Dans le champ à d., Μ· BMC. p. 10, 20. Superbe.
791	2.40	Æ 14	Tête de ménade à d., ornée de bijoux; les cheveux relevés et ornés de feuilles de vigne et de raisin. ℞. Pareil au précédent. BMC. p. 10, 26. Superbe.
			Persée. *178-168.*
792	16.59	Æ 35	Tête du roi barbue et diadémée à d. ℞. ΒΑΣΙ-ΛΕΩΣ ¦ ΠΕΡ-ΣΕΩΣ· Aigle debout à d. sur un foudre, les ailes éployées. Dans le champ à d., ΜΕ ; entre les pattes de l'aigle, ; en haut, · Le tout dans une couronne de chêne. En dehors en bas, une charrue. Cf. Cat. Jameson 1014. Superbe. — Collection Sir H. Montagu, Londres 1897, n° 144, et H. Osborne, O'Hagan, Londres 1908, n° 351.
793	16.75	Æ 31.5	Un autre exemplaire semblable, mais dans le champ à d., . Superbe.
			ROYAUME DE PÉONIE
			Lycceïos. *359-340.*
794	15.24	Æ 25	Tête laurée d'Apollon à d., les cheveux courts. Grènetis. ℞. ΛΥΚΚΕ-ΙΟΥ· Héraclès imberbe, nu, debout à g., étouffant le lion du bras g. et levant le bras d. Dans le champ à d., son carquois. BMC. p. 1, 2. Comp. 139. Superbe. — Ancienne collection Rhousopoulos, Athènes. Cat. Hirsch XIII, n° 728. —
			Patraos. *340-315.*
795	12.85	Æ 24	Tête virile imberbe, un diadème dans les cheveux courts. Grènetis. ℞ ΠΑΤΡΑΟΥ· Cavalier casqué et cuirassé au galop à d. Il vient de renverser avec sa lance un ennemi armé du bouclier macédonien et d'un glaive. Sous le cheval, Υ. BMC. 1 sq., var. Superbe. — Collection Paul Mathey, Paris. —
796	12.82	Æ 23.5	Autre exemplaire semblable; les pieds de devant du cheval au-dessus du bouclier de l'ennemi. Pas de lettre sous le cavalier. BMC. 5 sq., var. Superbe. — Ancienne collection Rhousopoulos, Athènes. Cat. Hirsch XIII, n° 735. —

Nos	Poids	Métal et Module	
797	12.71	Æ 22	Tête laurée d'Apollon (?), les cheveux courts. Grènetis. ℟. Semblable au précédent. BMC. 5. Superbe. — Vente Earle, Philadelphie 1912. —
798	3.08	Æ 16	Tête juvénile imberbe à d., un diadème dans les cheveux courts. ℟. ΓΑΤΡΑΟΥ· Protomé de sanglier bondissant à d. Au-dessous, [monogramme]· Cercle creux. BMC. 13. Flan très large. De toute beauté.
799	3.35	Æ 14,5	Même tête. Grènetis. ℟. ΓΑ·· Même type. Au-dessous, [monogramme]· BMC. 12 sq., var. T.B.
			Audoléon. *315-286*.
800	12.30	Æ 23	Tête d'Athéna presque de face, coiffée du casque athénien à triple aigrette; une mèche retombe de part et d'autre sur la nuque. Grènetis. ℟. ΑΥΔΩΛΕΟΝ-ΤΟΣ· Cheval libre au pas à g. Entre les jambes de devant, [monogramme]· Grènetis. BMC. 4, var. De toute beauté. — Ancienne collection Rhousopoulos, Athènes. Cat. Hirsch XXXII, n° 742. —
801	12.64	Æ 21	Autre exemplaire semblable. Sous le ventre du cheval, [monogramme]· BMC. 5. De toute beauté.
			MACÉDOINE SOUS LA DOMINATION ROMAINE
802	16.99	Æ 31	*158-149*. Bouclier macédonien, orné de croissants, d'étoiles et de globules. Au centre, dans un grènetis doublé d'un cercle linéaire, buste d'Artémis diadémé à d., les cheveux relevés, des mèches retombant sur la nuque, l'arc et carquois sur l'épaule. ℟. ΜΑΚΕΔΟΝΩΝ | ΓΡΩΤΗΣ· Massue; en haut, [monogramme]· Le tout dans une couronne de chêne. En dehors à g., un foudre en pointillé. BMC. p. 7, 2. De toute beauté.
803	16.92	Æ 32	Un deuxième exemplaire, de style et de dessin plus soigné. De toute beauté.
804	16.76	Æ 29	Un troisième exemplaire, également différent, comme style et dessin. Superbe.
805	16.75	Æ 32	Un autre exemplaire semblable; la tête d'Artémis plus grande. Au revers, différents monogrammes; en haut, [monogramme]; en bas, [monogramme]· BMC. 8. De toute beauté.
806	16.92	Æ 30	*Macédoine, province romaine en 149. P. Juventius Thalna, Prætor.* Même droit; la tête d'Artémis plus petite. ℟. LEG | ΜΑΚΕΔΟΝΩΝ· Massue; au-dessus à d., une main à g. tenant un rameau d'olivier. BMC. 69. De toute beauté.
807	17.07	Æ 31	*Andriscos. 149-148*. Bouclier macédonien, orné au pourtour de croissants et d'étoiles. Au centre, dans un double cercle linéaire, tête imberbe de Philippe Andriscos à g., coiffée d'un casque phrygien orné d'ailes et se terminant en tête de griffon. La harpé sur l'épaule. ℟. ΒΑΣΙΛΕΩΣ | ΦΙΛΙΓΓΟΥ· Massue. Le tout dans une couronne de chêne. En dehors, à g., Μ· Gæbler, Zeitschr. f. Numism. XXIII, p. 153, 39. Cat. Jameson 1010. De toute rareté et de toute beauté.
808	16.72	Æ 35	*Æsillas, Quæstor. 92-88*. ΜΑΚΕΔΟΝΩΝ· Tête cornue d'Alexandre le Grand à d., les cheveux flottants. ℟ AESILLAS Q· Massue entre un coffret rond, muni d'une poignée (*fiscus*) et une chaise quæstoriale. Le tout dans une couronne de laurier. BMC. 81. Flan extrêmement large. De toute beauté.

Nos	Poids	Métal et Module	
			THRACE LES VILLES DU SUD **Ænos**
809	16.24	Æ 21	*450-400.* Tête d'Hermès à d., coiffée du pétase sans bords, orné d'un grènetis. Les cheveux flottent en mèches courtes. ℞. **AIN-I·** Bouc marchant à d. Devant lui, un caducée debout. Carré creux. BMC. 5. Cat. Jameson 1048. De toute beauté.
810	16.24	Æ 21,5	Droit semblable. ℞. **AINI·** Bouc marchant à d. Devant lui, un petit satyre nu, barbu, accroupi à terre, lui tend à manger une branche de lierre. Carré creux. BMC. —, H. von Fritze, dans Nomisma IV, pl. 1, 17. Comp. 140. Très beau style. Très beau. — Collection R. Allatini, Londres. —
811	16.45	Æ 23,5	Droit semblable de très joli style. ℞. **AINI·** Bouc marchant à d. Devant lui, un arbre de myrte et un casque conique. Carré creux. BMC. etc.—, cat. Pozzi 1023. Très rare. T.B.
812	2.73	Æ 12	Même description. Devant le bouc, bipenne. BMC. 7. Très beau.
813	1.34	Æ 11,5	Même description. Crabe entre les pieds de devant du bouc. BMC.—, Berl. Mus. 15. T.B.
814	15.80	Æ 25	*400-350.* Tête imberbe d'Hermès de face, coiffée d'un pétase; les cheveux flottants. ℞. **AINION·** Bouc marchant à d. Devant lui, un grand vase avec une anse. Carré creux. BMC. 14. Comp. 141. Très rare. Superbe. — Collection R. Allatini, Londres. —
815	15.82	Æ 25	Même type d'un style exquis. ℞. **AINI-ON·** Bouc marchant à d.; devant lui un arbre de myrte. Carré creux. BMC.—, Berl. Mus. 31. Très rare. Superbe.
816	15.95	Æ 23,5	Type semblable, d'un très haut relief. ℞. **AINION·** Bouc marchant à d. Devant lui, une étoile de huit rayons. BMC.—, Berl. Mus. 33. Très rare. Superbe. — Collection Sir H. Weber, Londres. —
			Maronée
817	14.17	Æ 27	*450-400.* **M-A-PΩN·** Cheval au galop à g. En haut, un canthare. Grènetis. ℞. **EΠI M-HTP-OΔO-TO** autour d'un carré linéaire. Au centre, un cep de vigne avec cinq grappes. Carré creux. BMC. 11. Très beau.
818	13.82	Æ 23	Même type de cheval. Au-dessus, tête imberbe, de trois quarts vers la d. ℞. **MHT-POΔ-OT-OΣ:** autour d'un carré linéaire. Au centre, cep de vigne avec quatre grappes. BMC. —, Berl. Mus. 31. Beau. — Catalogue Hirsch XXXII, n° 417. —
819	13.04	Æ 23	Cheval debout à g., se mettant en marche. Au-dessus, une roue à quatre rais. ℞. **MHT-PO-ΦΩ-N·** autour d'un carré linéaire. Au centre, un cep de vigne avec quatre grappes. Carré creux. BMC. 14. Superbe.
820	13.87	Æ 23	Autre exemplaire semblable. Flan épais. Beau.

Nos	Poids	Métal et Module	
821	13.95	Æ 21	Cheval se cabrant à g. ℟. ΕΠΙ-ΠΥΘΟ-ΔΩ-ΡΟ autour d'un carré linéaire. Au centre un cep de vigne avec cinq grappes. Carré creux. BMC. p. 234, 14*a*. Superbe. — Collection Fenerly Bey, vente à Vienne 1912, n° 262. —
822	13.95	Æ 25	ΜΑΡΩΝ· Cheval se cabrant à g. Au-dessus, un casque à aigrette à g. ℟. ΕΠΙ-ΠΟΣΙ-ΔΗΙ-Ο autour d'un carré linéaire. Au centre, cep de vigne avec quatre grappes. Carré creux. BMC., Berl. Mus.—, Head p. 249. Très beau.
823	2.76	Æ 15,5	*400-350.* Ε-Υ | Γ· Protomé de cheval au galop à g. ℟. Μ-Α· Sarment de vigne portant une grappe. Carré en grènetis et carré creux. BMC. 31. Superbe.
824	2.80	Æ 16	Μ-Α | ΡΩ· Même type à d. ℟. ΕΠΙ-Ν···ΜΙΟΥ autour d'un carré en grènetis. Au centre, une grappe de raisin. Carré creux. BMC. —, Berl. Mus. 52. Très beau.
825	2.71	Æ 15	✗-Γ· Même type. ℟. ΜΑ-ΕΠΙ et sarment de vigne portant une grappe. Carré en grènetis. Carré creux. BMC. 38. Superbe.
826	2.87	Æ 14	Même droit. ℟. Μ-Α | ΕΠΙ· Type pareil au précédent. BMC. 40. Très beau.
827	15.97	Æ 32,5	*Après 148.* Tête imberbe de Dionysos à d., diadémée et couronnée de lierre, les cheveux relevés en une torsade derrière la tête, quelques mèches retombant sur la nuque. ℟. ΔΙΟΝΥΣΟΣ-ΣΩΤΗΡΟΣ-ΜΑΡΩΝΙΤΩΝ· Dionysos nu, debout à g., la chlamyde sur le bras g., tenant une grappe et deux baguettes. A g. en bas, [monogramme]; à d., ⊙. BMC. 59. Superbe.

Dicæa

Nos	Poids	Métal et Module	
828	9.76	Æ 17	*Avant 500.* Tête barbue d'Héraclès à d., coiffée de la peau de lion. ℟. Carré creux partagé en quatre triangles par deux diagonales, BMC. 1. Bab. pl. 56, 8 (cet exemplaire mentionné). Extrêmement rare. Très beau. — Pièce trouvée en Egypte. Collection Sir H. Weber, Londres. —

Abdère

Nos	Poids	Métal et Module	
829	28.75	Æ 31	*544-450.* Griffon assis à g., les ailes membraneuses et arrondies; la patte d. levée. En bas dans le champ à g., ϘΡ· Cercle linéaire. ℟. Carré creux quadripartit. Cf. BMC. p. 228, 1*a*. Bab. pl. 56, 1. Comp. 142. Extrêmement rare. Très beau. — Collection F. S. Benson, Londres 1909, n° 447. —
830	29.68	Æ 27,5	Même type de griffon, de très beau style archaïque. Dans le champ à g., un canthare. ℟. Carré creux quadripartit. BMC., Bab.— Nomisma III pl. 3, 23 (*cet exemplaire*). Comp. 143. De toute rareté et de toute beauté. — Collection Sir H. Weber, Londres. —
831	15.12	Æ 24	ΠΡΩ· Griffon assis à g., les pennes des ailes imbriquées et recroquevillées, levant la patte d. de devant. Dans le champ à g. tête (avec cou) de taureau à d. Grènetis. ℟. Carré creux quadripartit. BMC., Bab., etc. ; cf. type Bab. pl. 56, 7. Extrêmement rare. Très beau.

Nos	Poids	Métal et Module	
832	3.10	Æ 16	ΔΕΟ· Même type de griffon; les ailes membraneuses et arrondies. Grènetis. ℟. Carré creux quadripartit. BMC. 11. T.B. — Collection Sir H. Weber, Londres. —
833	2.41	Æ 12	Δ-ΕΟ· Même description. Cf. BMC. 12. Très beau.
834	0.55	Æ 9	Sans lettres. Même description. BMC. 15. T.B. — Collection Sir H. Weber, Londres. —
835	14.94	Æ 25	*450-430.* Κ-ΑΛ-ΛΙΔΑ-ΜΑΣ· Griffon assis à g., les pennes des ailes imbriquées et recoquillées, la patte d. levée. Au-dessous, un thon à g. Grènetis. ℟. ΑΒΔ-ΗΡ-ΙΤΕ-ΩΝ· autour d'un carré quadripartit linéaire. Carré creux. BMC. 19. Comp. 144. De toute beauté.
836	14.91	Æ 27	Sans légende. Type de griffon semblable au précédent. Dans le champ à g., poule debout à g. Grènetis. ℟. ΕΠΗ-ΡΟ-ΔΟΤΟ· Mêmes types de carrés. BMC. 21. Très rare. De toute beauté. — Ventes Allatini, Londres 1904, F.-S. Benson, Londres 1909, n° 449, et Paul Mathey, Paris. —
837	14.87	Æ 27	Griffon bondissant à g., les ailes droites. Dans le champ à g., une grenade sur sa tige. Grènetis. ℟. ΕΠΙ ΝΕ-ΣΤ-ΙΟ-· Mêmes carrés. BMC. 24. Comp. 145. De toute beauté. — Collection Sir H. Weber, Londres. —
838	14.97	Æ 28	*430-408.* Même type de griffon. Dans le champ à g., une langouste à d. Grènetis. ℟. ΕΠΙ Μ-ΟΛ-ΠΑΔ-ΟΣ : autour d'un carré linéaire. Au centre, tête juvénile imberbe à g., les cheveux courts. Carré creux. BMC. 26. Comp. 146. Superbe. — Collection R. Allatini, Londres. —
839	1.49	Æ 11,5	Griffon debout à g., les ailes membraneuses et arrondies, levant la patte d. ℟. Tête (avec cou) de taureau à g. Carré creux. BMC. 49, var. T.B.
840	2.80	Æ 15	ΑΒΔΗ· Griffon bondissant à g. Grènetis. ℟. ·Υ··ΦΑ-ΓΟ-·Η· autour d'un carré en grènetis. Au centre, un dauphin à g. BMC. 43. De toute beauté. — Collection Paul Mathey, Paris. —
841	2.79	Æ 15	Même type de griffon. ℟. ΠΡ-Ω-ΤΗ-Σ, autour d'un carré linéaire. Au centre, tête laurée d'Apollon à g., les cheveux courts. Carré creux. BMC. p. 230, 44*a*. Superbe.
842	2.81	Æ 14,5	ΑΒΔ· Même type de griffon. ℟. ΕΠΙ-ΠΡΩ-·Ε· autour d'un carré linéaire. Au centre, trois épis de blé. Carré creux. BMC. 45. Très beau.
843	2.77	Æ 15	ΑΒ·· Même type de griffon. Au-dessous, un chapiteau ionien (?). ℟. ΕΠΙ ΦΙΛΑΙΟ· Hermès debout à d., coiffé du pétase, la chlamyde sur l'épaule, tenant le caducée. Devant lui, un astragale. Carré creux. BMC. 46, var. T.B.
844	2.82	Æ 15,5	ΑΒΔ· Même type de griffon. ℟. ΙΡΟΜ-Ν··ΜΩΝ autour d'un carré linéaire. Au centre, un canthare; en bas, une feuille de lierre. Carré creux. BMC.—. Imh. Monn. gr. p. 39, 7. T.B.
845	10.08	Æ 22	*408-350.* ΑΒΔΗ | ··ΤΕΩΝ· Griffon bondissant à g. ℟. ΕΠΙ ΕΥΡΗΣΙΠΠΟΥ· Tête d'Apollon laurée à d., les cheveux courts. Champ concave. BMC. 63. Superbe.

Nos	Poids	Métal et Module	
846	10.47	Æ 24	Même légende et même type de griffon. ℞. ΕΠΙ ΙΠΠΩΝΑΚΤΟΣ· Même tête d'Apollon; au-dessous, pétoncle à g. Champ concave. BMC. 64. Comp. 147. De toute beauté. — Collection R. Allatini, Londres. —
847	2.44	Æ 15	ΑΒΔΗΡΙ | ΤΕΩΝ· Même type. ℞. ΕΠΙ-ΕΚΑ-ΤΩ···ΥΜΟ· autour d'un carré linéaire. Au milieu, tête laurée d'Apollon à d., les cheveux courts. Carré creux. BMC. 73. Très beau.
			CHERSONÈSE DE THRACE
848	2.81	Æ 12	*480-350.* Protomé de lion bondissant à d., détournant la tête. ℞. Carré creux partagé en quatre petits losanges dont deux en relief; dans chacun des deux autres, un globule. BMC. p. 182, 8. Superbe.
			ILES DE THRACE
			Samothrace
849	12.82	Æ 21	*Vers 280.* Tête d'Athéna à d., coiffée du casque corinthien à aigrette, orné d'un serpent; les cheveux retombent sur la nuque. ℞. ΣΑΜΟ-ΜΗΤΡΩΝΑ· Cybèle drapée assise à g., coiffée du calathos, tenant une patère et un sceptre. Sous le siège, un lion assis à g. Champ concave. BMC. p. 215, 1. Comp. 149. Très beau.
			Thasos
850	9.87	Æ 19	*550-463.* Satyre nu, ithyphallique, à demi agenouillé à d., emportant dans ses bras une nymphe drapée levant la main d. ℞. Carré creux quadripartit. BMC. 1. Bab. —. Flan épais. Très beau.
851	9.19	Æ 23	Autre exemplaire semblable sur flan normal. BMC. 2. Bab. pl. 55, 18. Superbe.
852	9.68	Æ 20	Autre exemplaire semblable, d'un style différent. Superbe.
853	0.53	Æ 7,5	Deux dauphins, un au-dessus de l'autre, en sens inverse. Au pourtour, des globules. ℞. Carré creux quadripartit. BMC. 18. Très beau. — Collection R. Allatini, Londres. —
854	0.40	Æ 9	Dauphin nageant à d. En haut et en bas, un globule. ℞. Carré creux quadripartit. BMC. p. 240, 22*a*. Superbe. — Collection R. Allatini, Londres. —
855	8.77	Æ 21	*463-411.* Satyre nu, à demi agenouillé à d., emportant dans ses bras une nymphe vêtue d'un chiton avec diploïs, les cheveux relevés. Dans le champ à d., Φ. ℞. Carré creux quadripartit. BMC. 29, var. Style superbe. Très beau.
856	3.61	Æ 15	Satyre nu, à demi agenouillé de face, regardant à d. vers la nymphe qu'il emporte dans ses bras. ℞. Carré creux quadripartit, surface pointillée. BMC. 35. Style délicieux. Superbe.
857	15.14	Æ 23	*451-350.* Tête barbue de Dionysos à g., couronnée de lierre. ℞. ΘΑΣΙΟΝ· Héraclès barbu, drapé et coiffé de la peau de lion, à demi agenouillé à d., tirant de l'arc. Dans le champ à d., une lyre. Carré linéaire et carré creux. BMC. 38, var. Très rare. Très beau.

Nos	Poids	Métal et Module	
858	4.06	AR^{15}	Même description. Devant Héraclès, une salamandre. BMC. 41. Superbe.
859	3.66	AR^{15}	Un autre exemplaire semblable; symbole, tête de lion à d. BMC.—. T.B.
860	3.84	AR^{16}	Même tête à g. ℟. Type pareil au précédent; symbole, feuille d'acanthe. BMC. . Très beau.
861	0.92	AR^{10}	Même description. Pas de symbole. BMC.—, Imhoof, Monn. gr. p. 50, 55. Très rare. B.
862	1.44	AR$^{13.5}$	Tête janiforme de satyre barbu et chauve. ℟. ΘΑ | ΣΙ· Deux amphores, côte à côte en sens inverse. Carré creux. BMC. 51. T.B. — Collection R. Allatini, Londres. —
863	0.84	AR^{12}	Satyre nu, à demi agenouillé à g., tenant un canthare. ℟. ΘΑΣ-ΙΩΝ· Amphore. Carré creux. BMC. 53. Très beau.
864	0.85	AR^{11}	Un autre exemplaire semblable. Très beau.
865	0.83	AR$^{11.5}$	Satyre nu, à demi agenouillé et tourné de trois quarts à d., regardant de face et tenant un canthare. ℟. Pareil au précédent. BMC. 58. T.B.
866	4.69	AR^{16}	*Après 280.* Tête barbue de Dionysos à d., couronnée de lierre. ℟. ΘΑΣΙ | ΩΝ· Massue. Le tout dans une couronne de laurier. BMC. 66. T.B.
867	16.71	AR$^{32.5}$	*Après 146.* Tête imberbe de Dionysos à d. diadémée et couronnée de lierre, les cheveux relevés en une torsade derrière la tête, quelques mèches retombant sur la nuque. ℟. ΗΡΑΚΛΕΟΥΣ-ΣΩΤΗΡΟΣ-ΘΑΣΙΩΝ· Héraclès nu, lauré, debout de face, regardant à g., s'appuyant sur la massue et portant sur le bras g. la peau de lion. Dans le champ à g., en bas, ΔΙ. BMC. —. Style et dessin remarquablement soignés. De toute beauté.
868	16.85	AR^{33}	Autre exemplaire semblable, avec M, dans le champ à g. BMC. 72. Superbe.
869	16.75	AR^{32}	Autre exemplaire semblable d'un style rude. Dans le champ à g., ⋈. BMC. 74. Superbe. — Vente Earle, Philadelphie 1912. —

LA COTE EUROPÉENNE DE LA PROPONTIDE

Byzance

Nos	Poids	Métal et Module	
870	5.38	AR^{17}	*416-357.* ΠΥ Taureau marchant à g. sur un dauphin. ℟. Carré creux en ailes de moulin. BMC. p. 93, 1. Superbe.
871	13.72	AR$^{27.5}$	*Vers 221.* Tête de Déméter à d., voilée et couronnée d'épis. ℟. ΠΥ (à d.), ⲢΚ (à g.); à l'ex., nom de magistrat, ΕΠΙ ΑΘΑΝΑΙΩΝ· Poseidon demi-nu, assis à d. sur un rocher, tenant un trident et un aplustre. BMC. 25/26, var. Münsterberg, Magistratsnamen.— Comp. 150. Superbe.

Selymbria ou Salybria

Nos	Poids	Métal et Module	
872	3.89	AR^{15}	*500-450.* ΣΑ· Coq debout à g. Grènetis. ℟. Carré creux quadripartit. BMC. p. 170, 1. Bab. pl. 56, 13. Très rare. Superbe. — Vente Talbot W. Ready, Londres, nº 240. —

Nos	Poids	Métal et Module	
873	1.81	Æ 12	Tête barbue d'Héraclès à d., coiffée de la peau de lion. Grènetis. ℟. Coq debout à d. Carré en grènetis bordé d'un carré creux. BMC. 3. Bab. pl. 56, 19. T.B. — Doubles du Musée de Berlin, première vente, et collection Paul Mathey. —
			LA COTE NORD-OUEST DE L'EUXIN ET LES PROVINCES DU DANUBE
			Istros
874	5.82	Æ 17,5	*IVe siècle.* Deux têtes unies imberbes de face, celle de d. renversée. ℟. **ΙΣΤΡΙΗ·** Aigle debout à g., sur un dauphin. Derrière l'aigle, **Δ**; sous le dauphin, **A**· Cercle creux. BMC. —. F.D.C.
875	5.13	Æ 21	Même type. ℟. Pareil au précédent. Sous le dauphin, **A**· BMC. 2. Superbe.
876	5.40	Æ 19	Autre exemplaire semblable. Sous le dauphin, **Φ** · BMC. 10. T.B.
			Apollonia Pontica (*Sozopolis*)
877	3.44	Æ 13,5	*450-400.* Ancre; dans le champ à g., un crustacé. ℟. Gorgonéion entouré de serpents dans un cercle creux. BMC. (*Mysie*), p. 8, 3. T.B.
878	1.28	Æ 11	*Après 400.* Tête laurée d'Apollon de face. ℟. **A**· Ancre; à d. un crustacé. Carré creux. BMC. (*Mysie*), p. 9, 15. Superbe.
879	1.31	Æ 10	Autre exemplaire semblable avec nom de mag. **KTH**· BMC. 16, var. T.B.
			Mesembria
880	1.31	Æ 10	*450-350.* Casque à nasal corinthien à aigrette, vu de face. ℟. **M-E-T-A** dans les secteurs d'une roue radiée à quatre rais. BMC. p. 132, 2. T.B.
			Panticapée
881	1.54	Æ 14	*Ve siècle.* Mufle de lion de face. ℟. **ΓΑΝΤΙ**· Tête de bélier à d. Carré creux. BMC.—, cf. Berl. Mus. p. 9. 4, note, Head II, p. 280. De toute rareté et de toute beauté.
882	9.08	AV 22	*Vers 350.* Tête de Pan barbue à g., couronnée de lierre, les cheveux retombant sur la nuque. ℟. **Γ-A-N**· Panthère ailée et cornue, marchant à g. sur un épi de blé, regardant de face et tenant un javelot dans sa gueule. BMC. p. 4, 3. Comp. 151. Flan très large. F.D.C.
883	2.60	Æ 11	Tête imberbe de Pan, de trois quarts à g., les cheveux flottants. ℟. **ΓΑΝΤΙ**· Lion marchant à g. tenant de la patte d. de devant un fer de lance qu'il broie dans sa gueule. BMC. p. 5, 7. Très beau. — Collection Consul E. F. Weber, Hambourg. Cat. Hirsch XXI, no 787. —
884	8.72	Æ 21	*300-200.* Tête imberbe de Dionysos à d., couronnée de lierre; quelques mèches retombent sur l'épaule. ℟. **ΓΑΝΤΙ | ΚΑΓΑΙ | ΤΩΝ**· Au-dessus, une grappe de raisin. Le tout dans une couronne de lierre. Cercle creux. BMC. p. 6, 11. Superbe.

ROIS DE THRACE

Lysimaque. 323-281.

Nos	Poids	Métal et Module	
885	8.53	AV 18	Tête d'Athéna à d., coiffée du casque corinthien à aigrette ornée d'un serpent, les cheveux retombant sur la nuque; collier de perles. ℟. **ΒΑΣΙΛΕΩ·ΛΥΣΙΜΑΧοΥ·** Niké drapée, debout à g., tenant une stylis et une couronne. A ses pieds, bucrane; dans le champ à g., protomé de lion bondissant à g. et (ΔI). Müller,— Berl. Mus. p. 298, 3 (cet exemplaire). Comp. 152. Très rare. Superbe. — Doubles du Musée de Berlin. Catalogue Hirsch XXV, nº 137. —
886	16.79	AR 28	Tête imberbe d'Héraclès à d., coiffée de la peau de lion. Grènetis. ℟. **ΛΥΣΙΜΑΧοΥ·ΒΑΣΙΛΕΩΣ·** Zeus aëtophore demi-nu, assis à g., s'appuyant sur son sceptre. Sous le siège, pentagramme. Dans le champ à g., protomé de lion bondissant à g. et croissant. M. 19. Comp. 153. Très rare. Superbe.
887	4.22	AR 17.5	Même description. M. 20. Superbe.
888	8.55	AV 19	Tête divinisée d'Alexandre le Grand, diadémée et avec corne de bélier; les cheveux ondulés flottants. ℟. **ΒΑΣΙΛΕΩ··ΛΥΣΙΜΑΧΟΥ·** Athéna nicéphore, drapée et casquée, assise à g., s'appuyant sur son bouclier et tenant une lance transversale. Devant elle, tête de lion à g. M. 38. (*Lysimachia.*) Comp. 154. Style superbe. F.D.C.
889	8.44	AV 21	Autre exemplaire de style rude. Devant Athéna, [monogramme]; à l'ex., un trident couché, orné de deux dauphins. M. 139 sq. var. (*Byzance.*) F.D.C.
890	8.55	AV 19	Autre exemplaire semblable de joli style. Devant Athéna, ΜΡ; dans le champ, épi de blé. M. 240, var. (*Callatia.*) Superbe.
891	8.51	AV 20	Autre exemplaire semblable d'un style remarquable. Devant Athéna, une couronne. M. 463. (*Incertain.*) De toute beauté.
892	8.50	AV 19	Autre exemplaire semblable d'un style superbe. Devant Athéna, [monogramme]· M. 511. (*Incertain.*) F.D.C.
893	17.40	AR 31	Même tête divinisée d'Alexandre. Grènetis. ℟. Même légende et même type d'Athéna. Devant elle, un caducée et Γ; derrière, Κ· M. 106. (*Ainos.*) Comp. 155. De toute beauté.
894	16.88	AR 33	Autre exemplaire semblable. Devant Athéna ΔΡ; à l'ex., un trident couché, orné de deux dauphins. M. 159. (*Byzance.*) Superbe.
895	16.83	AR 36	Autre exemplaire semblable. Devant Athéna, [monogramme]; sur le siège, **ΒΥ**; à l'ex. le trident couché. M. 215. (*Byzance.*) De toute beauté.
896	17.02	AR 37.5	Autre exemplaire d'un style puissant. Devant Athéna, **ΔΙ**; à l'ex., un épi de blé couché à g. M. 246. (*Callatia.*) F.D.C.
897	16.82	AR 32	Autre exemplaire de très beau style. Devant Athéna, une abeille; à l'ex., **Ε**· M. 426. (*Ephèse.*) F.D.C. — Collection W. E. Hiddens. —
898	17.12	AR 27	Autre exemplaire, d'un très haut relief et d'un style superbe. Devant Athéna, **Κ**· M. 466. (*Incertain.*) F.D.C. — Collection Paul Mathey, Paris. —

Nos	Poids	Métal et Module	
899	17.18	Æ 29	Autre exemplaire semblable, d'un joli style. Devant Athéna, ⩔· Derrière, Ⓐ· M. 548. (*Incertain.*) De toute beauté.
900	4.24	Æ 18	Même description. Devant Athéna, arc et carquois. M. 296. (*Incertain de Thrace.*) Très beau style. Superbe.
901	16.60	Æ 27	Même tête divinisée d'Alexandre le Grand, d'un très haut relief. ℟. **ΒΑΣΙΛΕΩΣ· ΛΥΣΙΜΑΧΟΥ·** Athéna nicéphore assise à g., comme ci-dessus. Devant elle, une colonne cannelée surmontée d'un globule. A l'ex. **ΣΚΟΣΤΟ···** M. 95. (*Sestos.*) Superbe.
			Coson, roi des Scythes
902	8.43	AV 21	*Milieu du Ier siècle.* **ΚΟΣΩΝ·** Procession de trois hommes en toge romaine à g., le premier et le dernier portant une hache sur l'épaule. Dans le champ à g., ♇ (**ΟΛΒ** = Olbie). Grènetis. ℟. Aigle debout à g., sur un sceptre, les ailes éployées, tenant une couronne dans sa serre d. Grènetis. BMC. p. 208, 1. Superbe.
			THESSALIE
			Ænianes
903	2.78	Æ 17,5	*400-344.* Tête laurée de Zeus à g., les cheveux retombant sur la nuque. ℟. **··ΝΙΑΝ-ΩΝ·** Guerrier, la chlamyde sur l'épaule g., marchant à g. et regardant en arrière. Il brandit un javelot et tient son pétase comme bouclier. Champ concave. BMC. 2. T.B.
904	7.70	Æ 22,5	*168-146.* Tête d'Athéna à d., coiffée du casque athénien à triple aigrette, le cimier surmonté d'une rangée de pégases. ℟. **·ΙΝΙΑΝΩΝ·** Frondeur nu, la chlamyde sur le bras g. regardant à d. A l'arrière-plan deux javelots. Dans le champ à d., **ΓΕΡΙΚΛΕΑ·** Champ concave. BMC.—, Münsterberg, Beamtennamen p. 102. Très beau.
905	2.32	Æ 17	Tête d'Athéna à d., coiffée du casque corinthien à aigrette, orné d'un griffon. Derrière, **··ΕΜΕ··** ℟. **ΑΙΝΙΑΝΩΝ·** Même type de frondeur. BMC. 14. Superbe.
			— Catalogue Hirsch XXXII, n° 470. —
906	2.36	Æ 15,5	**ΤΟΛΜΑΙΟΣ·** Tête laurée de Zeus à g. ℟. **ΑΙΝΙΑΝΩ-Ν·** Même type de frondeur. Derrière en bas, une étoile et **Ƙ·** BMC. 16, var. Superbe.
			Démétrias
907	2.36	Æ 16	*Vers 290.* Buste d'Artémis à d., les cheveux relevés en chignon. ℟. **ΔΗΜΗ-ΤΡΙΕΩΝ·** Proue de navire à g. Dans le champ à g., Ϛ· BMC. 1. T.B.
			Lamia
908	2.76	Æ 17	*400-344.* Tête imberbe de Dionysos à g., couronnée de lierre, les cheveux retombant sur la nuque. ℟. **ΛΑΜΙΕ-ΩΝ·** Amphore, surmontée d'une feuille de lierre. Champ concave. BMC. 3. Superbe.
909	0.79	Æ 11,5	Même description; une aiguière en bas dans le champ à d. BMC. 5. Superbe.

Nos	Poids	Métal et Module	
910	5.72	AR 21	*302-286*. Tête de nymphe (?) à d., un diadème dans les cheveux retombant sur la nuque; elle porte de longs pendants d'oreilles. ℞. **ΛΑΜΙΕΩΝ·** Philoctète nu, assis à g. sur un rocher, couvert de la chlamyde, et tenant sur le genou devant lui un arc dans son goryte. BMC. 9. Comp. 156. Très joli style. De la plus grande rareté. — Collection Sir H. Weber, Londres. — — Gardner (Num. Chr. 1878, 266) suppose que cette tête, d'un dessin délicieux et très personnel, est celle de la célèbre hétaïre Lamia, avec qui vivait Démétrius Poliorcète et en l'honneur de laquelle Athènes et Thèbes ont érigé des temples. —
			Larissa
911	5.48	AR 19	*480-430*. Le héros Thessalos nu, le pétase rejeté sur la nuque, marchant à g. et retenant par un lien passant sur le front un taureau qui bondit à d. Grènetis. ℞. **ΛΑ-ΡΙ·** Cheval au galop à g., la longe traînant à terre. Carré creux. BMC. 6. Bab. pl. 43, 11. Très beau.
912	5.58	AR 17.5	*430-400*. Type semblable à g., d'un style plus avancé. Devant le taureau, une plante; entre les jambes du héros, une fleur poussant du sol. A l'ex., **ΤΟ·** Grènetis. ℞. **ΛΑ | ΡΙΣΑΙ·** Cheval au galop à d., la longe traînant à terre. Sur le dos du cheval, **Ο·** Carré creux. BMC. 19, var. T.B.
913	6.08	AR 20	Type semblable d'un style magnifique. ℞. **ΛΑΡΙ-ΣΑΙΑ·** Cheval au grand galop à d., la longe traînant à terre. Carré creux. BMC. 33. Comp. 157. Le plus bel exemplaire connu. F.D.C. — Collection Paul Mathey, Paris. —
914	6.11	AR 17.5	*400-344*. Tête de nymphe à g., avec des boucles d'oreilles; les cheveux relevés dans une sphendone, ampyx sur le front. Grènetis. ℞. **ΛΑΡΙΣΑ··** Cheval au galop à d., la longe traînant à terre. BMC. 47. De toute beauté.
915	6.08	AR 17.5	Autre exemplaire semblable avec le cheval à g. BMC. 51. T.B.
916	5.89	AR 19	Tête semblable de nymphe à d., d'un style exquis. Grènetis. ℞. **ΛΑ···ΣΑ··Α·** Thessalos drapé et coiffé du pétase, debout à d. derrière le cheval qu'il tient par la bride. Carré creux. BMC. 52. T.B. — Collection R. Allatini, Londres. —
917	5.86	AR 19.5	**ΑΛΕΥΑ·** Tête d'Aleuas de trois quarts de face vers la g., coiffée d'un casque conique richement ornementé, avec des paragnathides. Dans le champ à d., bipenne. Grènetis. ℞. **ΛΑΡΙΣΑΙ-ΕΛΛΑ·** Aigle debout à g., sur un foudre, regardant en arrière. Cercle creux. BMC. 53. Comp. 159. De la plus extrême rareté. Superbe. — Ancienne collection Rhousopoulos. Cat. Hirsch XIII, nº 1315. — — Aleuas, représenté sur cette monnaie, fut le fondateur de la maison princière des Aleuades. —
918	12.24	AR 22	Tête de nymphe Larissa de face, un peu inclinée à g. (copiée d'après le célèbre tétradrachme de Syracuse par Cimon), avec des boucles d'oreilles, ampyx sur le front; les cheveux flottant au vent. Grènetis. ℞. **ΛΑΡΙΣΑΙΩΝ·** Cheval bridé au pas à d. Champ concave. BMC. 55. Comp. 158. Très beau style. De la plus grande rareté, la plus belle pièce connue. F.D.C. — Collection Savastopoulos, Athènes. —
919	12.-	AR 23.5	Un autre exemplaire semblable. Très rare. Superbe. — Collections Delbecke, Anvers, et Woodward, vente à Paris 1908, nº 264. —

Nos	Poids	Métal et Module	
920	6.13	AR 20	Tête semblable de nymphe, d'un style charmant avec des boucles d'oreilles à trois pendentifs et collier simple. Grènetis. ℞. ΛΑΡΙΣ | ΑΙΩΝ· Cheval paissant à d. Champ concave. BMC. 57. Conservation tout à fait exceptionnelle. F.D.C.
921	5.91	AR 19	Autre exemplaire semblable d'un style différent. De toute beauté.
922	6.07	AR 20	Un autre exemplaire semblable, variété de style. Superbe.
923	6.07	AR 18,5	Tête de nymphe de face, semblable à la précédente. Cercle linéaire et en grènetis. ℞. ΛΑΡΙΣΑ· Même type de cheval. BMC.— Très joli style. De toute beauté. — Collection G. Philipsen, Copenhague. Cat. Hirsch XXV, n° 639. —
924	6.05	AR 19	Autre exemplaire semblable. La tête de la nymphe plus petite. Cercle en grènetis. ℞. Le cheval paissant à g. BMC. — T.B.
925	6.11	AR 19	Tête de nymphe semblable, de très beau style. Grènetis. ℞. ΛΑΡΙ-ΣΑΙΩΝ· Jument marchant à d. A l'arrière-plan son poulain l'accompagne. BMC. 64. T.B.
926	2.26	AR 11	Tête semblable de nymphe. Grènetis. ℞. ΛΑΡΙΣ | ΝΩΙΑ· Cheval paissant à d. Sous son ventre, Ξ· BMC. 67. De toute beauté. — Collection Paul Mathey, Paris. —
927	0.95	AR 11,5	Tête semblable de très beau style. Grènetis. ℞. ΛΑΡΙΣ | ΑΙΩΝ· Cheval paissant à d. BMC.— De toute beauté. — Collection Paul Mathey, Paris. —
			Magnètes
928	4.25	AR 18,5	*197-146*. Tête de Zeus à d., couronnée de chêne. ℞. ΜΑΓΝΗΤΩΝ· Artémis drapée, tenant un arc, assise à g. sur une proue de navire à g. Dans le champ à d., [monogramme]; à g. une étoile et un dauphin à g. BMC. 1. Superbe.
			Œta
929	7.62	AR 23	*196-146*. Tête de lion à g., tenant un javelot dans la gueule. ℞. ΟΙΤΑΙ·ΩΝ· Héraclès imberbe, nu debout de face, couronné de lierre, s'appuyant sur la massue et portant la peau de lion sur le bras g. BMC.—, Num. Chron. 1900, pl. 13, 12. Comp. 160. De toute rareté et de toute beauté. — Collection Sir H. Weber, Londres. —
930	2.39	AR 16	Même droit. ℞. ΟΙΤΑΙ-ΩΝ· Héraclès nu, debout de face, tenant des deux mains une longue massue. BMC. 8. Superbe.
			Phalanna (*Perrhæbia*)
931	2.81	AR 17	*400-344*. Tête juvénile imberbe à d., les cheveux courts bouclés. Grènetis. ℞. ΦΑΛ-ΑΝ-Ν-ΑΙ-Ω-Ν· Cheval bridé au pas à d. Cercle creux. BMC. p. 41, 2. Très beau style. Très rare. Superbe. — Collection R. Allatini, Londres. —

Nos	Poids	Métal et Module	
			Pharsale
932	3.08	Æ 15	*480-344*. Tête d'Athéna à d., coiffée du casque athénien à aigrette, orné d'un serpent; elle porte des boucles d'oreilles et un collier; les cheveux en pointillé, bouclés sur le front et ramassés sur la nuque. ℞. **Φ-AR·** Tête (avec cou) de cheval à d. Carré creux. BMC. 1. Bab. — Superbe. — Collection Paul Mathey, Paris. —
933	3.04	Æ 15.5	Tête d'Athéna, semblable à la précédente ; les paragnathides du casque sont relevées, la calotte sans ornement, la crinière fixée par un rang de perles de métal. ℞. Pareil au précédent. BMC. 2. Superbe.
934	2.91	Æ 15	Autre exemplaire semblable, la calotte du casque ornée d'un serpent. BMC. — Bab. pl. 43, 13. Très beau.
935	5.83	Æ 19	*400-344*. Tête d'Athéna à d., coiffée du casque athénien à aigrette, orné d'un Scylla; les cheveux retombant sur la nuque et liés au bout. Derrière, **T ǀ M·** ℞. **Φ-A ǀ ·-Ϙ·** Cavalier drapé, la chlamyde flottante, au galop à g., tenant un bâton sur l'épaule. Carré creux. BMC. 9, var. Beau. — Vente Headlam, Londres 1916, no 402. —
936	1.35	Æ 13.5	Tête d'Athéna presque de face, coiffée d'un casque à triple aigrette; les cheveux flottants. ℞. **Φ-A-Ϙ-A-Σ·** Cavalier casqué et cuirassé au galop à d., agitant un fouet. Champ concave. BMC. 17. T.B.
			Phères (*Pelasgiotis*)
937	2.51	Æ 16.5	*IVe siècle*. Tête d'Hécate presque de face, inclinée un peu à g., couronnée de roseaux, les cheveux flottants, tenant une torche. Grènetis. ℞. **ΦΕΡΑΙΩΝ·** Hécate drapée assise de côté sur un cheval au galop à d., tenant une torche des deux mains. En haut, dans le champ à g., tête de lion, la gueule béante (orifice de la fontaine, *Hypereia*). Champ concave. BMC.—, Head II, p. 307. De la plus grande rareté. T.B. — Collection Sir H. Weber, Londres. —
938	11.49	Æ 22	*Alexandre, tyran. 369-357*. Tête d'Hécate presque de face, légèrement inclinée à d., couronnée de myrte; boucles d'oreilles granulées coniques; les cheveux flottent au vent; la main tient une longue torche. ℞. **AΛ-EΞAN·** Cavalier coiffé du pétase et cuirassé, au galop à d., la lance en arrêt. Sous le cheval, bipenne. BMC. 14. Comp. 161. Très beau style. De la plus grande rareté. Beau. — Collection Sir H. Weber, Londres. —
			Scotussa (*Pelasgiotis*)
939	5.85	Æ 18	*480-400*. Protomé de cheval au galop à g. ℞. **ΣK-O·** Grain d'orge dans sa gousse, posé diagonalement dans le carré creux. BMC.—, Bab. pl. 43, 27. T.B.
			Tricca (*Histiæotis*)
940	5.80	Æ 16	Thessalos nu, pétase et chlamyde pendant dans le dos, courant à d., et retenant par un lien passant sur le front une protomé de taureau qui bondit à d. Grènetis. ℞. **ИOIA-Ʞ-ꓘIϘT·** Protomé de cheval au galop à d., la longe flottant. BMC. 4. Bab. pl. 43, 29. Superbe.

Confédération thessalienne. *196-146.*

Nos	Poids	Métal et Module	
941	6.33	AR 23	Tête de Zeus à d., couronnée de chêne. Derrière, ΙΤΑΛΟΣ (nom du stratège). ℞. ΘΕΣΣΑ-ΛΩΝ· Athénia Itonia drapée, casquée et armée d'un bouclier et de la lance, marchant à d. Noms des mag., en haut, ΙΤΑ-ΛΟΣ ; en bas, ΔΙΟ-ΚΛ | ΗΣ· BMC. 10. Superbe.
942	5.88	AR 23	Tête semblable. Derrière, ΝΙΚΟΚΡΑΤΟΥΣ· ℞. Même légende et même type. Noms des magistrats en haut, ΦΙΛΟΞ-ΕΝΙΔ·· ; en bas, ΓΕΤΡΑΙΟΣ ; dans le champ à d., une palme. BMC. 18. F.D.C.
943	6.25	AR 24	Autre exemplaire semblable. Au revers, nom de magistrat, ΓΥΘ-ΩΝΟ·| ΚΛΕΟΜΑΧΙ·· Dans le champ à d., un trépied. BMC. 23. Superbe.
944	5.80	AR 21	Tête semblable de très beau style. Derrière, Φ· ℞. Même type ; nom de magistrat, ΑΛΚ-ΕΤ | ΣΩΣΙΓΑΤ·· Dans le champ à d., Ϗ· BMC.— De toute beauté.
945	6.31	AR 22	ΞΕΝΟΦΑΝ | ΤΟΣ· Même tête de Zeus. ℞: Semblable au précédent. Nom de magistrat, ΑΜ-Υ | Ν-ΑΝ | ΔΡΟΥ· Dans le champ à d., ꟸ· Superbe.
946	5.81	AR 21	Autre exemplaire semblable de beau style. Mag., ΚΥΛ-ΛΟΥ | ΓΕΤΡΑΙΟΣ· BMC.—, Münsterberg, Beamtennamen p. 33. (Leake Eur. 102.) Superbe.
947	4.16	AR 18	Tête laurée d'Apollon à d., les cheveux retombant sur la nuque. Derrière, monogr. du stratège, Ῑ ℞. Semblable au précédent. Dans le champ. nom de mag., ΓΟ | Λ-Υ· Superbe.
948	4.30	AR 19	Buste d'Athéna Itonia à d., coiffée du casque corinthien à aigrette ; les cheveux retombant sur la nuque. Derrière, ꟸ· ℞. ΘΕΣΣΑ | ΛΩΝ· Cheval bridé au trot à d. Mag., ΑΛΚΕ | ΤΟΥ (en haut) ; ΞΕ (sous le cheval ; ΣΩΣΙΓΑΤΡΟΣ (à l'ex.). BMC., Head etc. — De toute rareté, d'un style gracieux et de toute beauté. — Catalogue Hirsch XXVI, nº 482. —
949	4.09	AR 18.5	Un deuxième exemplaire semblable. De toute rareté. Superbe. — Collection P. Barron. Cat. Hirsch XXX, nº 478. —

ILLYRIE

Apollonia (*Colonie de Corcyre*)

Nos	Poids	Métal et Module	
950	3.11	AR 18	*229-100.* ΑΓΙΑΣ· Vache debout à g., flairant un veau qu'elle allaite. Grènetis. ℞. ΑΓΟΛ-ΕΓΙ-ΚΑ-ΔΟΥ autour d'un double carré linéaire partagé en deux rectangles contenant chacun un dessin floral. BMC. p. 57, 15. T.B. — Collection Joseph E. Gay. —
951	3.93	AR 20	*100 — Auguste.* Tête laurée d'Apollon à g., les cheveux relevés et retombant en mèches sur la nuque. Devant, nom du maitre de la monnaie, ΛΥΣΩΝ· Grènetis. ℞. Α-Γ-Ο-Λ· Trois nymphes drapées debout, se donnant la main, les deux extérieures tenant chacune une torche allumée, dansant autour du bûcher du nymphæum. A l'ex., nom de mag., ΔΙΟΝΥΣΟ | ΔΟΡΟΣ· Grènetis. BMC. 69. De toute beauté. — Ventes Bompois et Sir H. Montagu, nº 517. —

Dyrrachii

(Épidamnos, la capitale, était une colonie de Corcyre.)

Nos	Poids	Métal et Module	
952	10.36	AR 21	*450-350*. Vache debout à d., flairant un veau qu'elle allaite. ℞. **Δ-Υ-Ρ** autour d'un carré linéaire, contenant deux rectangles, remplis de dessins floraux. En bas, massue couchée à g. Cercle creux. BMC. 2. Superbe.
953	11.04	AR 21,5	Même type, de très beau style. En haut, **Σ·** ℞. Pareil au précédent. BMC. 28. De toute beauté.
954	8.47	AR 22,5	*350-229*. Pégase bridé volant à d. ℞. **ΔΥΡΡΑΧΙΝΩΝ·** Tête d'Athéna Chalinitis à g., coiffée du casque corinthien muni du couvre-nuque; les cheveux retombent sur la nuque. Derrière, une massue; contre-marque, un trident. BMC. Très beau.
955	3.34	AR 18	*229-100*. Vache debout à d., flairant un veau qu'elle allaite. En haut, tête radiée d'Hélios à d. et **ΜΑΧΑΤΑΣ**; à d., une chouette debout de face. ℞. **ΔΥΡ-ΖΩ-ΠΥ-ΡΟΥ** autour d'un double carré linéaire contenant deux rectangles remplis d'ornements floraux. Cercle linéaire. BMC. 70, var. F.D.C.
956	3.20	AR 19	Même type; en haut, aigle debout à d., les ailes éployées et **ΞΕΝΩΝ·** Grènetis. ℞. Type pareil au précédent. Mag., **ΠΥΡ-ΒΑ** et massue couchée à g. BMC. 112. T.B.
957	3.31	AR 16	Même type. En haut, **ΑΝΤΙΟΧΟΣ·**, à d., une massue debout; à l'ex., un gouvernail. ℞. Pareil au précédent. Mag., **ΑΥ-ΚΟ-Υ·** BMC. 146. Superbe. — Collection Joseph E. Gay. —
958	3.46	AR 16	Même type de style rude. En haut, **ΕΡ·** ℞. Semblable au précédent. Mag., **ΚΑΛΛ-ΙΚΡΑ-ΤΕΟΣ·** BMC. —, cf. BMC. 130. Superbe.
959	3.49	AR 16	Même type. En haut, **ΜΑ·** ℞. Pareil au précédent. Mag., **ΜΑΝ-ΤΙ-ΑΔΑ·** BMC. — Superbe.

ÉPIRE

Ambracie

(La plus importante colonie de Corinthe au golfe d'Ambracie.)

Nos	Poids	Métal et Module	
960	8.55	AR 21	*Avant 480*. Pégase bridé, volant à d., les ailes recoquillées. Au-dessus, **Α·** ℞. Tête d'Athéna Chalinitis à d., coiffée du casque corinthien; boucles d'oreilles rondes et collier de perles; les cheveux retombent sur la nuque et liés à l'extrémité, ondulés sur le front. Carré creux. BMC.—, Macdonald, Hunterian Collection II, p. 112, 1. Très rare. De toute beauté.
961	8.33	AR 19	*480-432*. Même type. ℞. Semblable au précédent; Athéna ornée de longs pendants d'oreilles. Derrière la tête, une branche de lierre. BMC. (*Corinthe*) p. 104, 1. Superbe.
962	8.31	AR 19	Un autre exemplaire semblable. BMC. 2. De toute beauté. — Vente Headlam, Londres 1916, n° 371. —
963	8.30	AR 21	*432-342 et plus tard*. Pégase volant à d. Au-dessous, **Α·** ℞. **ΑΜΒΡΑΚΙΩΤΑΝ·** Tête d'Athéna Chalinitis à g., coiffée du casque corinthien muni du couvre-nuque, les cheveux retombant sur la nuque. Derrière, jeune fille vêtue d'un chiton long, debout à g. devant un ῥάβδος κοτταβική, sur l'extrémité duquel elle place le πλάστιγξ. BMC. (*Corinthe*) p. 104, 5. Très rare. Superbe.

Nos	Poids	Métal et Module	
964	8.45	Æ 21	Autre exemplaire semblable; derrière la tête d'Athéna, une chouette debout à g. Cercle creux. BMC. 14. Superbe. — Collection Paul Mathey, Paris. —
965	8.39	Æ 22	Autre exemplaire semblable, la tête d'Athéna à d. Derrière, une chouette debout à d. BMC. 15. T.B.
966	8.34	Æ 20	Sans lettre. Pégase volant à g. ℟. **ΑΡΑΘΘΟ·** Même tête d'Athéna. Sur le casque, **Α·** Derrière, jeune dieu-fleuve Arachthos nu, cornu, assis à d., sur un bucrane de face, retenant son genou. Cercle creux. BMC. 28. Très rare. T.B.
967	3.99	Æ 17	*238-168.* Tête de Dioné laurée et voilée à g. Grènetis. ℟. - - **M·** Obélisque enguirlandé. Le tout dans une couronne de laurier. BMC. *(Epire)* 1. Très beau.

ROIS D'ÉPIRE

Alexandre, fils de Néoptolème. *342-326.*

Nos	Poids	Métal et Module	
968	10.89	Æ 22,5	Tête de Zeus Dodonéen à d., couronnée de chêne, les cheveux retombant sur la nuque. Sous la tranche du cou, **Γ·** ℟. **ΑΛΕΞΑΝΔΡοΥ-ΝΕοΠΤοΛΕΜοΥ·** Foudre. Champ concave. BMC. 4. Pièce frappée en Epire. Très beau style. De toute rareté et de toute beauté. — Ancienne collection Rhousopoulos. Cat. Hirsch XIII, n° 1541. — — Collection Th. Prowe, Moscou, vente à Vienne 1912, n° 853. —
969	0.68	Æ 10,5	Sur un disque radié, tête d'Hélios presque de face, un peu inclinée à g. ℟. Foudre. Champ concave. BMC. 5. Pièce frappée en Sicile. Très beau style. Très rare. T.B — Ancienne collection Imhoof-Blumer, doubles du Musée de Berlin. —

Pyrrhus. *295-272.*

Nos	Poids	Métal et Module	
970	8.59	AV 18	Tête d'Athéna à d., coiffée du casque corinthien à aigrette, orné d'un griffon bondissant à d.; elle porte des boucles d'oreilles à trois pendentifs et un collier de perles; les cheveux retombant sur la nuque et liés au milieu. Sous la tranche du cou, **Α**; derrière, une chouette volant de face. Grènetis. ℟. **ΠΥΡΡοΥ-ΒΑΣΙΛΕΩΣ·** Niké drapée, volant à g., portant un trophée et une couronne; à ses pieds, un foudre. Grènetis. BMC. 1. Comp. 164. Pièce frappée à Syracuse. De la plus grande rareté. Superbe. — Collection H. C. Hoskier. Cat. Hirsch XX, n° 281. —
971	4.23	AV 17	Tête d'Artémis à d., les cheveux ondulés et relevés en une natte roulée derrière la tête; boucles d'oreilles à un pendentif et collier de perles, le carquois sur l'épaule. Grènetis. ℟. Même légende et même type de Niké; en haut à g., une étoile. Grènetis. BMC. 2. Comp. 165. Pièce frappée à Syracuse. De toute rareté et de toute beauté. — Ancienne collection du baron Rauch (Doubles du Musée de Berlin), et collection Th. Prowe, Moscou. Vente à Vienne 1912, n° 855. —

Nos	Poids	Métal et Module	
972	17.05	AR 32,5	Tête de Zeus Dodonéen à g., couronnée de chêne, les cheveux retombant sur la nuque; sous la tranche du cou, A· Grènetis. ℟. ΒΑΣΙΛΕΩΣ-ΠΥΡΡΟΥ· Dioné drapée et coiffée du calathos, assise à g. sur un trône, tenant de la main d. un sceptre et relevant de la main g. un pan de son himation. BMC. 6/7, var. Comp. 166. Pièce frappée à Locres. Extrêmement rare et de toute beauté. — Trouvaille de Cacace. Cat. Hirsch XVIII, nº 2350. —
			Confédération épirote
973	5.09	AR 21	*238-168*. Tête de Zeus Dodonéen à d., couronnée de chêne. Derrière, Ⲁ·; sous le menton, BR (?). Grènetis. ℟. ΑΠΕΙ-ΡΩΤΑΝ· Aigle debout à d. sur un foudre. Le tout dans une couronne de chêne. BMC. p. 89, 14, var. T.B.
974	5.09	AR 23	Autre exemplaire semblable. Derrière la tête de Zeus, ☰K· BMC. 23. Superbe.
975	3.26	AR 16,5	Têtes accolées de Zeus Dodonéen couronné de lierre et de Dioné voilée à d. Derrière ☰K (hors du flan). ℟. ΑΠΕΙ | ΡΩΤΑΝ· Foudre. Le tout dans une couronne de chêne. BMC. 42. T.B.
			CORCYRE
976	7.88	AR 21	*VIe siècle*. Vache debout à g., détournant la tête et allaitant son veau. En haut, EN· Grènetis. ℟. Carré creux quadripartit. Bab. pl. 40, 13. (*Attribution incertaine*.) Très rare. Très beau.
977	11.68	AR 22	*575-500*. Vache debout à g., flairant un veau qu'elle allaite. Flan bombé. ℟. Deux rectangles creux contenant chacun un dessin floral. Carré creux. BMC. 10. Bab. pl. 40, 15. Très beau.
978	2.66	AR 12	Amphore. ℟. Rosace dans un carré creux. BMC. 24. Bab. pl. 40, 23. T.B.
979	11.26	AR 21	*450-400*. Vache debout à d. flairant son veau qu'elle allaite. ℟. Double carré linéaire partagé en deux rectangles contenant chacun un dessin floral. Cercle linéaire et en creux. BMC. 42. Superbe.
980	11.12	AR 22	Autre exemplaire semblable, d'un style rude, pareil au précédent, le type tourné à g. ℟. K-O-P· Pareil au précédent. BMC. 66. F.D.C.
981	11.04	AR 20,5	Autre exemplaire semblable. Au revers, K-O-P et une sauterelle. BMC. — Superbe.
982	4.59	AR 19	*229-48*. Tête imberbe de Dionysos à d., couronnée de lierre, les cheveux relevés, des mèches retombant sur la nuque. Grènetis. ℟. Ᵽ-M· Pégase volant à d. BMC. 357. Superbe.
983	1.67	AR 13	Tête d'Aphrodite à g., les cheveux relevés par une double cordelette. Derrière. A· ℟. ⱩO· Pégase volant à g. BMC. — T.B.
			ACARNANIE
			Anactorium (*Colonie de Corinthe*)
984	2.84	AR 13	*Vers 490*. Pégase bridé, volant à d., les ailes recoquillées. Au-dessous, F· ℟. Tête diadémée d'Aphrodite à d., les cheveux, en pointillé, ramenés sur le cou et relevés en boucles; collier de perles au cou. Carré creux. Bab. pl. 40, 2. Superbe style archaïque. Très rare. Superbe.

Nos	Poids	Métal et Module	
985	8.57	Æ 22	*350-300*. Pégase volant à d. Au-dessous, ꟿ· ℟. Tête d'Athéna Chalinitis à d., coiffée du casque corinthien muni du couvre-nuque, les cheveux retombant sur la nuque. Derrière, feuille de laurier et ꟿ· BMC. (*Corinthe*) p. 116, 16, var. Très beau.
986	8.39	Æ 24	Autre exemplaire semblable, le pégase volant à d.; tête d'Athéna à g. Sans monogramme. Symbole, une lyre. BMC. p. 116, 18, var. Superbe.
987	8.66	Æ 22	Autre exemplaire semblable. Sous le pégase, ꟿ· Symbole, un palmier. BMC. p. 117, 22. Superbe. — Vente Earle, Philadelphie 1912. —
988	8.54	Æ 22	Autre exemplaire semblable. Sous le pégase, ꟿ· Symbole, Σ dans une couronne d'olivier et ꟿ· BMC. p. 118, 40. Superbe. — Ancienne collection Sangorski. —
989	8.56	Æ 21	Autre exemplaire semblable. Symbole, omphale. BMC. p. 118, 42. F.D.C.
990	8.47	Æ 20	Un deuxième exemplaire. Superbe.
991	8.54	Æ 22	*300-250*. Même droit. ℟. ꟿ· Tête semblable d'Athéna. A g. en haut, ΚΛΕ; sous le cou, Ⱥ; derrière, bucrane enguirlandé. BMC. p. 119, 49. Superbe.
992	8.57	Æ 21	Autre exemplaire semblable, avec ΝΑΥ et symbole, une bandelette nouée pendant d'un anneau. BMC. p. 120, 59. Superbe.
993	8.52	Æ 24	Autre exemplaire semblable avec ΑΡΙ et derrière la tête d'Athéna, ΔΩ et un autel ardent. BMC. p. 121, 66. Superbe.
			Argos Amphilochicum (*Colonie de Corinthe*)
994	8.55	Æ 20,5	*350-270*. Pégase volant à d. Au-dessous, ΑΡ et un chien molosse couché à d. avec collier. ℟. Tête d'Athéna à d., coiffée du casque corinthien muni du couvre-nuque, les cheveux retombant en mèches sur la nuque. Derrière, un trépied. BMC. (*Corinthe*) p. 122, 3. Superbe.
995	8.45	Æ 21	Α· Pégase volant à g. ℟. Même tête d'Athéna à g. En haut, ΑΡΓΕΙ; derrière, un casque corinthien à aigrette. BMC. p. 122, 8. Superbe.
996	7.26	Æ 23	Un deuxième exemplaire. Fourré. Superbe.
997	8.39	Æ 20	Autre exemplaire semblable; symbole, une pieuvre. BMC. p. 122, 10. Superbe. — Collection Joseph E. Gay. —
998	8.16	Æ 23	Pégase volant à d. Pas de lettre au-dessous. ℟. Tête semblable d'Athéna à g. Derrière, un thyrse. BMC.—, cf. BMC. p. 122, 11, pl. 33, 8. Superbe.
			Leucas (*Colonie de Corinthe*)
999	8.40	Æ 23	*400-330*. Λ· Pégase volant à g.; sous l'aile, Ε· ℟. ΛΕΥ· Tête d'Athéna Chalinitis à g., comme ci-dessus. Derrière, sarment de vigne avec quatre grappes. BMC. (*Corinthe*) p. 128, 42. F.D.C.

Nos	Poids	Métal et Module	
1000	8.58	AR 21	Autre exemplaire semblable. Derrière la tête d'Athéna, **Λ** et un caducée. BMC. p. 129, 51. Superbe.
1001	8.32	AR 19	Autre exemplaire semblable, **Λ** sous le menton d'Athéna. BMC. p. 51 sq. var. F.D.C.
1002	8.52	AR 22	Autre exemplaire semblable. Pégase volant à d. Protomé de lion à d., derrière la tête d'Athéna à d. BMC. p. 130, 64. F.D.C.
1003	8.48	AR 21.5	Autre exemplaire semblable. Symbole, hippocampe à g. BMC. p. 131, 69. Superbe.
1004	8.41	AR 21	Autre exemplaire semblable, mais la tête d'Athéna à g. BMC.— Superbe.
1005	8.47	AR 22	Autre exemplaire semblable. Pentagramme derrière la tête d'Athéna à d. BMC. p. 131, 75. F.D.C.
1006	8.06	AR 21	Autre exemplaire semblable. Symbole, un coq à d. BMC.— T.B.
1007	0.82	AR 11	**Λ**· Pégase volant à g. ℟. **Λ**· Pégase marchant à d. Champ concave. BMC. p. 136, 134. Superbe.
1008	8.45	AR 22	*330-250.* **Λ**· Pégase volant à g. ℟. Tête d'Athéna Chalinitis comme ci-dessus, à g. Derrière, **API** et ancre. BMC. p. 133, 103. Superbe. — Ancienne collection Sangorski. —
1009	8.56	AR 21	Autre exemplaire semblable, la tête d'Athéna à g. Derrière, **EY** et hameçon. BMC. 133, 105. Superbe.
1010	8.06	AR 23.5	*Après 167*. Statue à d. d'Aphrodite Αἰνειάς drapée tenant un aplustre. A l'arrière-plan un cerf debout à d. Couronne de laurier. ℟. **·ΕΥΚΛΔΙΩΝ | ΣΩΣΤΡΑΤΟΣ·** Proue de navire à d. En haut, les *piloï* des Dioscures. BMC.—, Münsterberg, Beamtennamen, 112. Très beau.
1011	7.92	AR 22	Autre exemplaire semblable. Mag., **ΔΑΜΥΛΟΣ·** BMC. p. 179, 86. T.B.
1012	8.24	AR 23	Autre exemplaire semblable. Derrière la statue, un sceptre surmonté d'une colombe et un aigle debout à d. sur un foudre. Mag., **ΛΕΩΝ** et **X** ; dans le champ à d., .₳. BMC. p. 180, 91, var. T.B.

Confédération acarnanienne. *250-167.*

Nos	Poids	Métal et Module	
1013	10.11	AR 26	Tête et cou d'un taureau androcéphale imberbe (Achéloüs) à d. Derrière, **ΛΥΚοΥΡΓοΣ·** Grènetis. ℟. **ΑΚΑΡΝΑΝΩΝ·** Apollon Aktios nu, assis à g. sur un trône et tenant un arc. Dans le champ à g., **Ᵽ**· BMC. p. 168, 4. Beau style. Magnifique.
1014	10.08	AR 27	Autre exemplaire semblable. Dans le champ à g. du revers, **ЗΘ**· BMC. p. 168, 6. Très beau.

ÉTOLIE

Monnayage fédéral. *279-168.*

Nos	Poids	Métal et Module	
1015	8.48	AV 18	Tête d'Athéna à d., coiffée du casque corinthien à aigrette, orné d'un serpent, les cheveux retombant sur la nuque; elle porte des boucles d'oreilles et un collier de perles. ℟. **ΑΙΤΩΛΩΝ·** L'Etolie drapée, coiffée du pétase assise à d. sur une pile de boucliers. Elle s'appuie sur une lance et porte une Niké sur la main g. Dans le champ à g., **X**; à d., **B**; à l'ex., une massue couchée à g. BMC. p. 194, 2, var. Comp. 167. Beau style. Superbe. — Collection Rhousopoulos, Athènes. Cat. Hirsch XIII, no 1598. —

Nos	Poids	Métal et Module	
1016	16.97	Æ 31	Tête imberbe d'Héraclès à d., coiffée de la peau de lion. ℞. ΑΙΤΩΛΩΝ· L'Etolie drapée, le sein nu, coiffée du pétase, assise à d. sur une pile de boucliers macédoniens et gaulois. Elle tient un glaive et s'appuie sur une lance. Au-dessous, une trompette gauloise (*carnyx*) surmontée d'une tête de loup. Dans le champ à d. ⩚ | ΙΗ· BMC. p. 195, 6/7, var. Comp. 168. De toute beauté.
1017	10.56	Æ 21	Tête virile imberbe à d., couronnée d'un diadème entrelacé de feuilles de chêne. Derrière, ΛΥ· Grènetis. ℞. ΑΙΤΩΛΩΝ· Guerrier nu (Aitolos), debout à g. posant le pied d. sur un rocher. Il tient, sous le bras g., un glaive dans son fourreau, s'appuie de la main d. sur une lance et porte sa chlamyde sur le bras. Son pétase pend dans le dos. Dans le champ à g., ΝΚ· BMC. p. 195, 9/11, var. Comp. 169. De très beau style et d'une conservation tout à fait extraordinaire. — Collection J. P. Lambros, Athènes. Cat. Hirsch XXIX, nº 392. — La tête représentée sur cette monnaie avec un art très sûr et très réaliste paraît être le portrait d'Antiochus III ou de Démétrius, fils d'Antigone Gonatas (Cf. Head p. 335). —
1018	10.43	Æ 25	Tête virile imberbe à d., couronnée de laurier; les cheveux courts. ℞. Même légende et même type. Dans le champ à g., ΓΕΝ-Σ· BMC. — Beau style et d'une conservation exceptionnelle. F.D.C.
1019	5.28	Æ 20	Tête laurée d'Artémis à d., les cheveux relevés et liés en chignon derrière la tête; l'arc et le carquois sur l'épaule. Au-dessous, ΦΙ· Grènetis. ℞. ΑΙΤΩΛΩΝ· Statue d'Etolie drapée, assise à d. (tête de face) sur une pile de boucliers, tenant une lance et un glaive. Dans le champ à d., un petit trophée de face; au-dessus, ⩚· BMC. p. 195, 14. Très beau. — Collection Sir H. Weber, Londres. —
1020	2.44	Æ 15	Tête d'Etolie à d., coiffée du pétase, les cheveux retombant sur la nuque. ℞. ΑΙΤΩΛΩΝ· Sanglier courant à d. Au-dessous, ΔΙΩΈ; à l'ex., un fer de lance. BMC. 21. Très beau.
1021	2.34	Æ 15	Autre exemplaire semblable. Derrière la tête, Σ·; sous le sanglier, ΤΣ· BMC. 23. T.B.
			LOCRIDE EPICNÉMIDIENNE **Oponte**
1022	11.93	Æ 21	*369-338*. Tête d'Aréthuse (copiée des célèbres décadrachmes syracusiens d'Evainète) à g., couronnée de roseaux, les cheveux ondulés et relevés. Elle porte des boucles d'oreilles à trois pendentifs et un collier de perles. ℞. ΟΠΟΝ-ΤΙΩ·· Ajax nu, marchant à d., tenant un glaive et un bouclier orné à l'intérieur d'un serpent. Champ concave. BMC. 14. Bab. type pl. 206, 13, III, p 366, 426. Comp. 170. Style et conservation admirables. F.D.C. — Ancienne collection Sangorski. —
1023	12.17	Æ 22,5	Autre exemplaire semblable. Entre les jambes d'Ajax, à terre, un fer de lance. BMC. 14, var, Bab. pl. 206, 16. De toute beauté. F.D.C. — Ancienne collection Rhousopoulos, Athènes. Cat. Hirsch XIII, nº 1615. —
1024	12.23	Æ 21	Tête semblable. ℞. ΟΠΟΝΤΙ-ΩΝ· Ajax, comme ci-dessus; à l'intérieur du bouclier, un lion bondissant à d. Entre les jambes du héros, un casque macédonien; à l'arrière-plan, à terre, une lance couchée à d. BMC. 22. Bab. pl. 206, 20. Comp. 173. Droit très beau, revers F.D.C. — Collection Sir H. Weber, Londres. —

Nos	Poids	Métal et Module	
1025	12.16	Æ 24	Tête semblable d'Aréthuse à g. ℞. Même légende et même type d'Ajax. A l'intérieur du bouclier, un griffon bondissant à d.; entre les jambes du héros, ΑΙΑΣ et une lance couchée à terre. BMC. 33. Bab. pl. 207, 3. Comp. 171. Très beau style. Superbe.
			— Anciennes collections Sir H. Montagu, Londres 1896, no 350, et Sir H. Weber, Londres. —
1026	12.22	Æ 23	Même tête d'Aréthuse à d., d'un style admirable et d'un dessin infiniment délicat, avec boucles d'oreilles à un pendentif; un bandeau perlé retient les cheveux au-dessus de la nuque, dont quelques mèches s'échappent. ℞. ΟΓΟΝΤΙΩΝ· Type pareil au précédent. BMC., Bab.—, Comp. 172. Très rare. De toute beauté.
			— Collection G. Philipsen, Copenhague. Cat. Hirsch XXV, no 820. —
1027	2.56	Æ 16	*338-300.* Même tête d'Aréthuse. ℞. ΛΟΚΡΩΝ· Même type d'Ajax. Entre les jambes du héros, Ͱ·. BMC. 39. Bab. pl. 207, 12. Superbe.
1028	0.85	Æ 11	ΛΟ·ΚΡ· Amphore; une grappe de raisin et une feuille de lierre pendant des anses. ℞. Etoile à seize rayons (ἡῷος ἀστήρ, le blason des Locriens de l'est). Grènetis. BMC. 45. Bab. pl. 207, 16. Superbe.

PHOCIDE

Monnaies fédérales

Nos	Poids	Métal et Module	
1029	2.82	Æ 13	*520-480. Atelier de Daulis.* Tête de taureau de face. ℞. Φ-Ο· Tête de femme à d., une bandelette dans les cheveux striés, retombant sur la nuque. Boucles d'oreilles rondes et collier. Carré creux. BMC. 21. Bab. type pl. 42, 3. Superbe.
1030	0.79	Æ 9	Φ-Ο· Même droit. ℞. Protomé de sanglier bondissant à d. Carré creux. BMC. 37. Bab. pl. 42, 12. T.B.
1031	2.80	Æ 25	*La guerre sacrée. 357-346.* Tête de taureau de face. ℞. Φ-Ω· Tête laurée d'Apollon à d., les cheveux retombant sur la nuque. Derrière, une branche d'olivier. Champ concave. BMC. 87. Bab. pl. 205, 15. Superbe.
			— Vente Headlam, Londres 1916, no 390. —

Delphes

Nos	Poids	Métal et Module	
1032	1.33	Æ 12	*479-460.* Tête de bélier à d. Au-dessous, un dauphin nageant à d. ℞. Tête de bouc de face entre deux dauphins, les têtes en haut. Carré creux. BMC. 11. Bab. pl. 42, 26. Très beau.

BÉOTIE

Coronée

Nos	Poids	Métal et Module	
1033	0.87	Æ 7	*550-480.* Bouclier béotien. ℞. ϙ dans un carré creux. BMC. p. 46, 1. Bab. pl. 41, 17. T.B.

Haliarte

Nos	Poids	Métal et Module	
1034	12.18	Æ 27.5	*Avant 480.* Bouclier béotien, le marli radié. ℞. Ⲏ au centre d'un carré creux partagé en huit triangles alternativement en creux et en relief. BMC. p. 48, 6. Bab. pl. 41, 18. Superbe.
			— Vente Earle, Philadelphie 1912. —

Nos	Poids	Métal et Module	
			Pharæ
1035	12.28	Ʀ 26	*550-480*. Bouclier béotien. ℟. Φ au centre d'un carré creux formé comme ci-dessus. BMC. 1. Bab. pl. 41, 26. Très rare. Très beau. — Anciennes collections Bompois et Bunbury, Londres 1896, nº 940, et F. S. Benson, nº 509. —
			Tanagra
1036	12.39	Ʀ 19	*550-480*. Bouclier béotien. ℟. B-O-I dans les intervalles d'une roue à quatre rais. Cercle creux. BMC. p. 60, 9. Bab. pl. 41, 29. Comp. 174. Très beau. — Collection Sir H. Weber, Londres. —
1037	12.11	Ʀ 22	*387-374*. Bouclier béotien. ℟. T-A· Protomé de cheval au galop à d., une couronne autour du cou. Au-dessous, une grappe de raisin. Cercle creux. BMC. p. 62, 29, var. Bab. pl. 204, 6. Comp. 175. Superbe. — Vente Duruflé, Paris, mai 1910, nº 386. —
1038	1.05	Ʀ 10	Bouclier béotien. ℟. T-A-N· Protomé de cheval au galop à d. Cercle creux. BMC. p. 62, 30. Bab. type pl. 204, 8.
1039	0.97	Ʀ 10	Bouclier béotien. ℟. TA· Protomé de cheval au galop à d. BMC. p. 62, 32. Bab. pl. 204, 9. T.B.
			Thèbes
1040	12.22	Ʀ 18	*550-480*. Bouclier béotien, le marli radié. ℟. ⊕ au milieu d'un carré creux partagé en huit triangles alternativement en creux et en relief. BMC. p. 67, 6. Bab. pl. 41. 6. Très beau.
1041	11.92	Ʀ 20	*456-446*. Bouclier béotien d'un très haut relief. ℟. Ǝ-⊕· Amphore à anses surélevées (*diota*). Carré creux. BMC. p. 70, 24. Bab. pl. 199, 9. Superbe.
1042	11.98	Ʀ 22	*426-395*. Bouclier béotien. ℟. Θ-E· Tête barbue de Dionysos à d., couronnée de lierre; les cheveux retombant sur la nuque. BMC. p. 74, 58 sq. Bab. pl. 200, 8. Très beau.
1043	12.04	Ʀ 22	Un autre exemplaire semblable, d'un style différent. Bab. pl. 200, 9. T.B.
1044	12.01	Ʀ 22.5	*395-387*. Bouclier béotien. ℟. ΘE· Héraclès enfant, nu, assis de face à terre, regardant à d. et étranglant les serpents. En haut, à g., un arc. Champ concave. BMC. p. 79, 103, var. Bab. pl. 201, 7. Comp. 176. Très beau. — Collections H. Montagu, Londres 1896, nº 370, F. S. Benson, Londres 1909, nº 516, et Paul Mathey, Paris. —
1045	11.99	Ʀ 24	*379-338*. Bouclier béotien. ℟. AN-ΔP· Amphore, la panse cannelée. Au-dessus, une couronne. Champ concave. BMC. p. 80, 112. Bab. pl. 201, 12. Superbe.
1046	12.26	Ʀ 24	Autre exemplaire semblable, les anses de l'amphore ornées de feuilles de lierre. Mag., AP-KA· BMC. p. 181, 117. Bab. pl. 201, 13. Superbe.
1047	12.10	Ʀ 23	Autre exemplaire semblable; les anses sans ornement; au-dessus, un grain d'orge. Mag., FA-ΣT· BMC. p. 81, 120. Bab. pl. 201, 18. Très beau.

Nos	Poids	Métal et Module	
1048	12.16	AR 20	Autre exemplaire semblable. A d., en bas, grappe de raisin. Mag., **Α-Σ | Ω·** BMC. p. 81, 123. Bab. III, p. 250, 267. Superbe.
1049	12.11	AR 20	Autre exemplaire. Au-dessus de l'amphore, un caducée couché à d. Mag, **ΘΕ-ΟΓ·** BMC. p. 83, 145, var. Bab. pl. 201, 22. Superbe.
1050	12.19	AR 22,5	Autre exemplaire semblable. Mag., **ΚΛ-ΙΩ·** BMC. p. 83, 154. Bab. III, p. 250, 267. De toute beauté.
1051	12.40	AR 25	*338-335*. Bouclier béotien. ℟. **ΩΙ-ΟΒ·** Amphore à anses surélevées, la panse cannelée. Au-dessus, une grappe de raisin. Champ concave. BMC. p. 37, 52. Bab. III, p. 314, 369. Superbe.
1052	2.67	AR 14	Même droit. ℟. **ΒΟ-Ι·** Canthare, surmonté d'une massue couchée à d. Dans le champ à d., un croissant lunaire. BMC. p. 37, 52. Bab. pl. 204, 34. Superbe.
1053	16.87	AR 26	*288-244*. Tête barbue de Poseidon (?) à d., couronnée de laurier, les cheveux retombant sur la nuque. ℟. **ΒΟΙ-ΩΤΩΝ·** Poseidon à demi nu assis à g. sur un trône, orné d'un bouclier béotien. Il tient sur la main d. étendue un dauphin à g. et de la main g. le trident transversal. Grènetis et champ concave. BMC. p. 38, 63. Comp. 177. De la plus grande rareté. Superbe. — Ancienne collection Rhousopoulos, Athènes. Cat. Hirsch XIII, nº 1688. —
1054	5.08	AR 19	*244-197*. Tête de Perséphone de face, couronnée d'épis, les cheveux disposés en bandeaux. ℟. **ΒΟΙΩΤΩΝ·** Poseidon nu, debout à d., tenant un trident et un dauphin. Dans le champ à d., **Α** au-dessus d'un bouclier béotien. BMC. p. 40, 77. Superbe. — Vente Earle, Philadelphie 1912. —
1055	4.57	AR 18	*197-146*. Tête laurée de Poseidon à d., les cheveux retombant sur la nuque. Grènetis. ℟. **ΒΟΙΩΤΩΝ·** Niké drapée debout à g., tenant un trident et une couronne. Devant elle, une grappe de raisin et **ΑΚ** · BMC. p. 42, 90. Superbe.
1056	4.95	AR 19	Autre exemplaire semblable. Dans le champ à g., **ΔΕ** et **Ξ**· BMC. p. 42, 101 sq., var. F.D.C.
1057	5.03	AR 19	Autre exemplaire semblable. Dans le champ à g. **ΚΕ** et **Ξ**· BMC. p. 42, 101 sq., var. F.D.C.

Thespies

Nos	Poids	Métal et Module	
1058	0.72	AR 10	*431-424*. Bouclier béotien. ℟. **ΘΕΣ** au-dessus du croissant lunaire. BMC. p. 90, 4. Bab. pl. 204, 25. Superbe.
1059	2.92	AR 15	*387-374*. Bouclier béotien. ℟. **ΘΕ-Σ·** Tête d'Aphrodite Melaïnis à d. les cheveux relevés, ampyx sur le front et ayant des boucles d'oreilles. Devant le visage, un grand croissant. Champ concave. BMC. p. 91, 10. Bab. pl. 204, 28. Très rare. Superbe. — Collection Sir H. Weber, Londres. —

EUBÉE

Carystos

Nos	Poids	Métal et Module	
1060	7.75	AR 23	*369-338*. Vache debout à d., léchant son veau qu'elle allaite. ℟. **ΚΑ-ΡΥΣΤΙΩΝ·** Coq debout à d. BMC. p. 102, 13, var. Bab. pl. 196, 11. Comp. 178. Très rare. Superbe. — Catalogue Hirsch XXXIV, nº 330. —

Nos	Poids	Métal et Module	
1061	3.20	AV 22	*197-146*. Tête barbue d'Héraclès à d., coiffée de la peau de lion. ℟. **KAPI**· Vache couchée à g. Au-dessus, un trident couché à g. En bas, une massue couchée à g. BMC. p. 103, 17. Comp. 179. De la plus grande rareté. F.D.C. — Collection Sir H. Weber, Londres. —
			Chalcis
1062	3.15	AR 19	*369-313*. Tête de la nymphe Aréthuse à d. avec boucles d'oreilles et collier de perles; les cheveux relevés. ℟. **XAΛ**· Aigle debout à d., les ailes éployées, dévorant un serpent enroulé autour de son corps. A d., une couronne. Creux concave. BMC. 41. Bab. pl. 197, 2. Superbe.
1063	3.55	AR 18	Autre exemplaire semblable de très beau style. Symbole devant l'aigle, un trophée de face. BMC. 50. Bab. pl. 197, 4. F.D.C. — Ancienne collection Sangorski. —
1064	3.73	AR 18	Un deuxième exemplaire. F.D.C. — Collection W. A. Colgate et Paul Mathey, Paris. —
1065	1.80	AR 13	Tête semblable. ℟. **XA**· Aigle debout à d., les ailes éployées, tenant dans ses serres un lièvre renversé. Dans le champ à d., une feuille de laurier. Champ concave. BMC. 57/59, var. Bab. type pl. 197, 7. T.B.
1066	5.81	AR 20	*197-146*. Tête de nymphe à d., les cheveux relevés, quelques mèches retombant sur la nuque; elle porte des boucles d'oreilles à un pendentif. Grènetis. ℟. ·**AΛKI**· Aigle debout à d., les ailes éployées, posant une de ses serres sur un serpent qui se dresse devant lui. A d., nom de mag., **ΞENoKPATHΣ**· BMC. 86, var. Beau style. Très rare. De toute beauté.
1067	5.61	AR 21	Autre exemplaire semblable. Dans le champ à d. du revers, ΑΡ—ΞΡ | Φ· BMC. 87. Très rare. Superbe.
			Erétrie
1068	17.30	AR 22	*511-490*. Vache debout à d., détournant la tête pour lécher l'un de ses pieds de derrière; sur son dos une hirondelle à d. Dessous, **E**· Flan bombé. ℟. **ш** (= **E**). Poulpe à huit tentacules dans un carré creux. BMC. 121, 20. Bab. · Comp. 181. Pièce d'un magnifique style archaïque. De la plus grande rareté et d'une conservation tout à fait extraordinaire, le plus bel exemplaire connu. — Ancienne coll. Rhousopoulos. Cat. Hirsch XIII, no 1895, et collection Paul Mathey, Paris. —
1069	17.03	AR 38	Vache debout à g. détournant la tête pour se gratter les naseaux avec l'un de ses pieds de derrière; sur son dos une hirondelle à g. Dessous, la lettre **Ǝ**· Grènetis. ℟. Poulpe à huit tentacules dans un carré creux. BMC. 121, 21. Bab. pl. 32, 3. Comp. 182. Sur flan mince et extrêmement large. De la plus grande rareté et de toute beauté. — Ancienne coll. Rhousopoulos. Cat. Hirsch XIII. no 1896, et coll. R. Allatini, Londres. —

Nos	Poids	Métal et Module	
1070	7.96	AR 22.5	Vache debout à d., détournant la tête pour lécher l'un de ses pieds de derrière (on distingue clairement la langue tirée). Au-dessous, **E·** Grènetis. ℞. Poulpe à huit tentacules dans un carré creux. BMC. p. 121, 23. Bab. pl. 32, 2. Superbe.
1071	0.65	AR 9	Tête de vache, de face. ℞. Poulpe dans un carré creux. BMC. p. 122, 33. Bab. pl. 32, 7. T.B.
1072	16.34	AR 21	*394-369*. Tête de la nymphe Euboïa à d., les cheveux rebroussés et ondulés sur le sommet de la tête et le front. ℞. **EY···** Vache debout à d. BMC. ·, Bab. pl. 197, 22. Comp. 183. Très rare et très beau. — Collection Consul Ed. F. Weber, Hambourg. Cat. Hirsch XXI, no 1588. —
1073	3.76	AR 16	*369-313*. Tête de nymphe à g., les cheveux relevés, ayant des boucles d'oreilles à trois pendentifs et un collier de perles. ℞. **EY·** Tête (avec cou) de vache à d., les cornes parées des bandelettes noueuses pendantes. Champ concave. BMC. p. 95, 8. Bab. pl. 198, 2. Superbe.
1074	2.77	AR 19	*197-146*. Tête de nymphe à d., les cheveux relevés, quelques mèches retombant sur la nuque. ℞. **ΕΡΕΤΡΙΕΩΝ·** Cep de vigne avec deux grappes. Au-dessous, nom de mag., **ΦΑΝΙΑΣ·** BMC. 43. Superbe.

Histiée

Nos	Poids	Métal et Module	
1075	3.37	AR 16	*369-338*. Tête de la nymphe Histiæa en ménade à d., couronnée d'un cep de vigne chargé de raisin; elle a des pendants d'oreilles et un collier; les cheveux relevés. ℞. **ΙΣΤΙ·** Vache debout à d. A l'arrière-plan, un cep de vigne chargé de raisin. Dans le champ à d., ⩚·. BMC. p. 125, 4. Bab. pl. 198, 15. T.B. — Collection Cumberland Clark, Londres 1914. —
1076	2.22	AR 14	*196-146*. Tête semblable de nymphe. ℞. **ΙΣΤΙ-ΑΙΕΩΝ·** La nymphe Histiæa demi-nue, assise à d. sur une proue de navire à d., saisissant de la main g. la stylis cruciforme. Au-dessous, trident à g. BMC. 36. Superbe.
1077	2.08	AR 13	Autre exemplaire semblable; derrière la nymphe drapée, un thymiatérion. BMC. Superbe.
1078	2.43	AR 15	Autre exemplaire semblable ; la nymphe demi-nue. Au-dessous, bipenne. BMC. p. 130, 61/63. Superbe. — Collection Cumberland Clark, Londres 1914. —
1079	2.07	AR 15	Autre exemplaire semblable ; la nymphe drapée. Au-dessous, **ΨΚΕ·** BMC. 132, 84. F.D.C.
1080	2.29	AR 15	Autre exemplaire semblable. Aplustre sur la proue. Pas de monogramme ni symbole. BMC. p. 133, 104. Bab. pl. 198, 28. Superbe.
1081	2.21	AR 14	Autre exemplaire semblable. Trépied sur la proue. Au-dessous, trident à g. BMC. p 134, 119. Bab. pl. 198, 29. Superbe.
1082	1.90	AR 12.5	Autre exemplaire semblable; une étoile sur la proue. BMC. p. 134, 122. Bab. type pl. 198, 29. Superbe.

INDEX

Les chiffres renvoient aux numéros d'ordre des monnaies.

P.-S. — Le numéro 811, *Ænos*, gr. 16.15, ayant été reconnu faux, sera retiré de la vente.

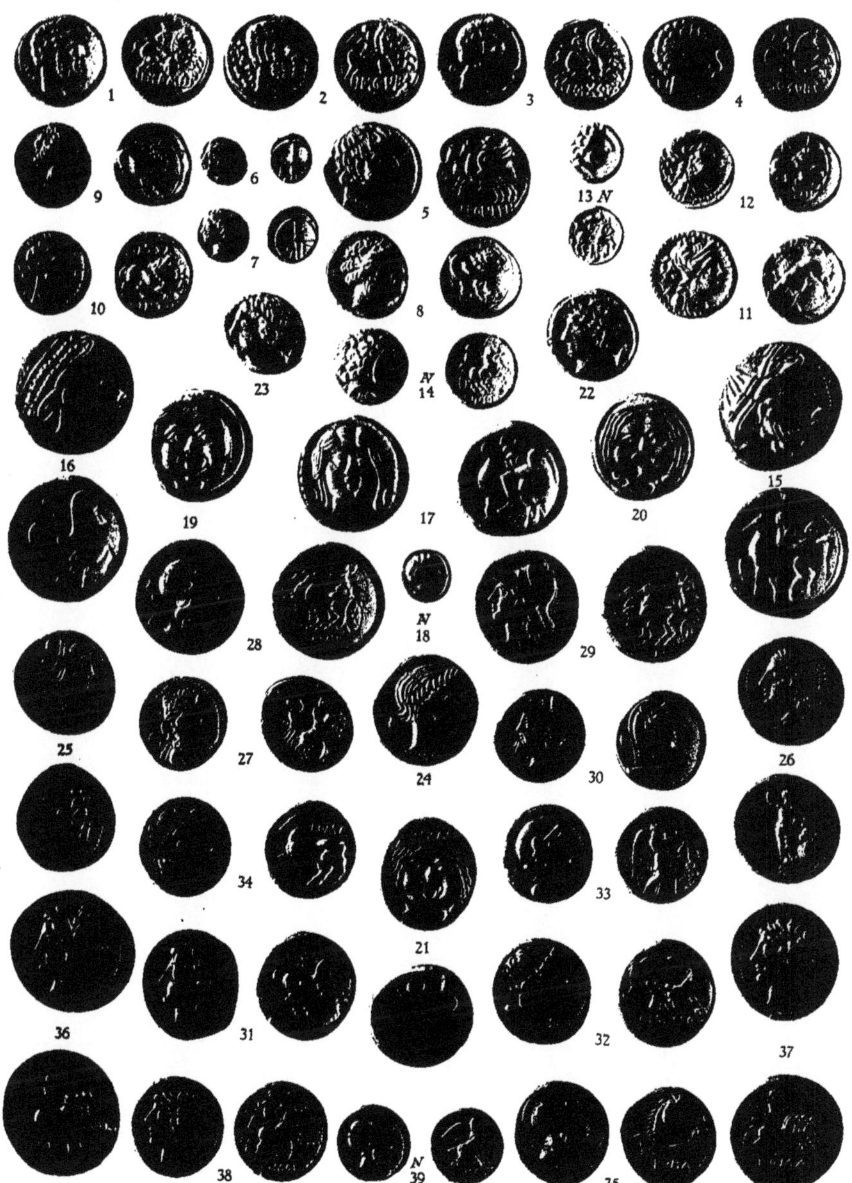
1
2
3
4
9
6
5
13 N
12
7
10
8
11
23
N
14
22
16
19
17
20
15
28
N
18
29
25
27
24
30
26
34
33
21
36
31
32
37
38
N
39
35

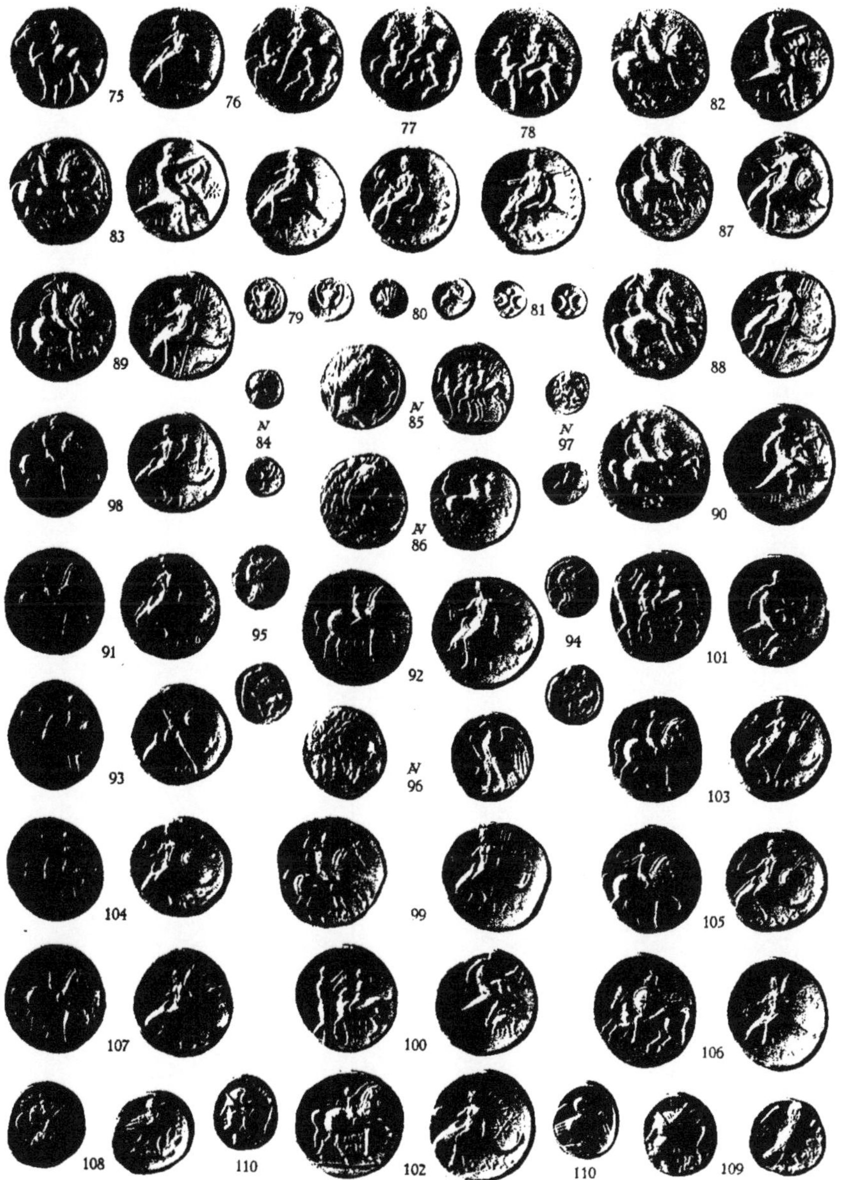
75
76
77
78
82
83
87
79
80
81
89
88
N
85
N
84
N
97
98
90
N
86
91
95
92
94
101
93
N
96
103
104
99
105
107
100
106
108
110
102
110
109

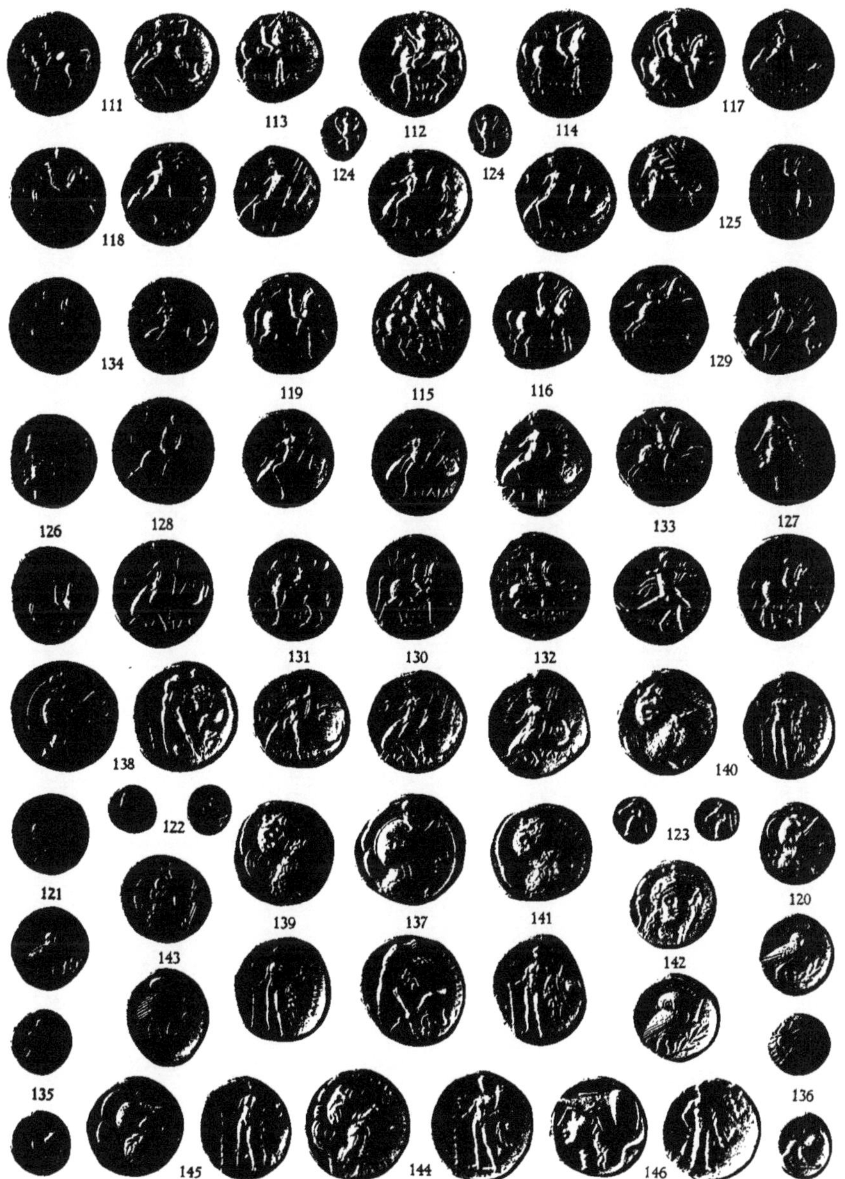
111
113
112
114
117
124
124
118
125
134
129
119
115
116
126
128
133
127
131
130
132
138
140
122
123
121
120
139
137
141
143
142
135
136
145
144
146

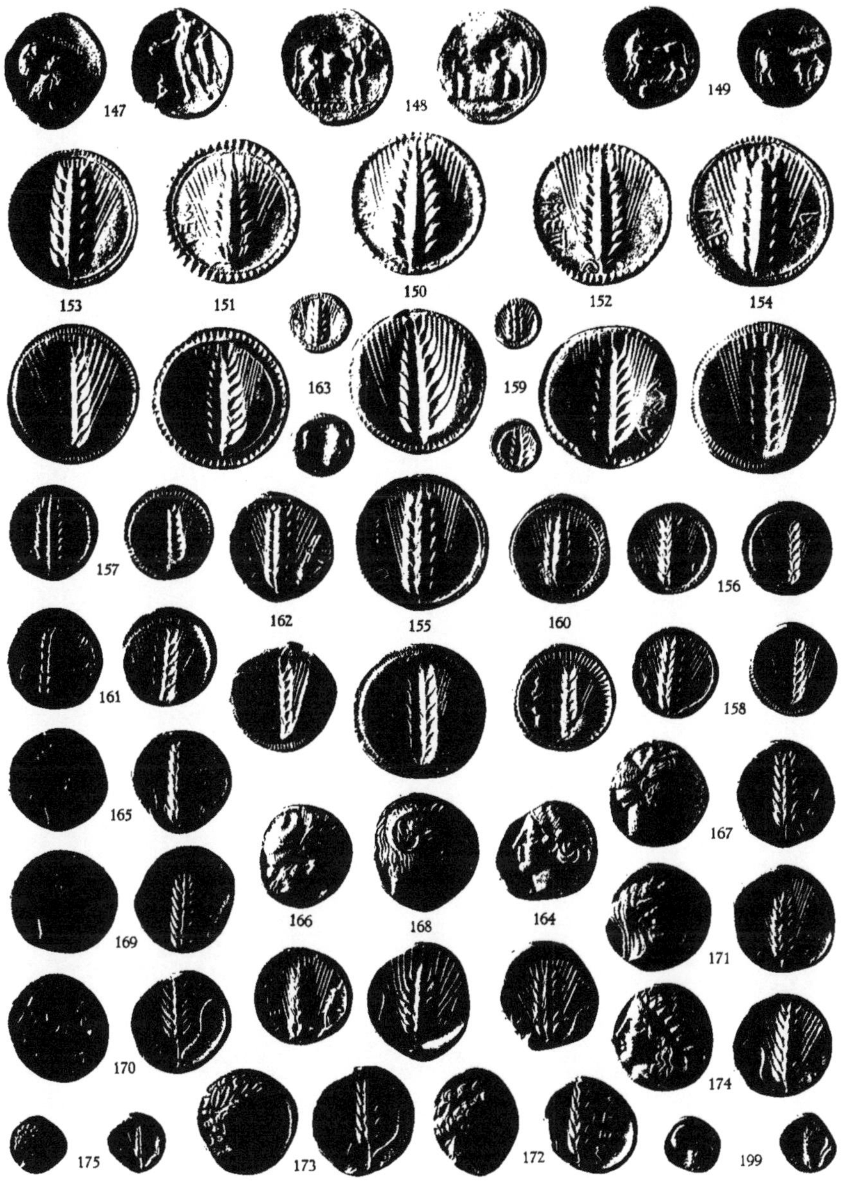
147
148
149
153
151
150
152
154
163
159
157
156
162
155
160
161
158
165
167
166
168
164
169
171
170
174
175
173
172
199

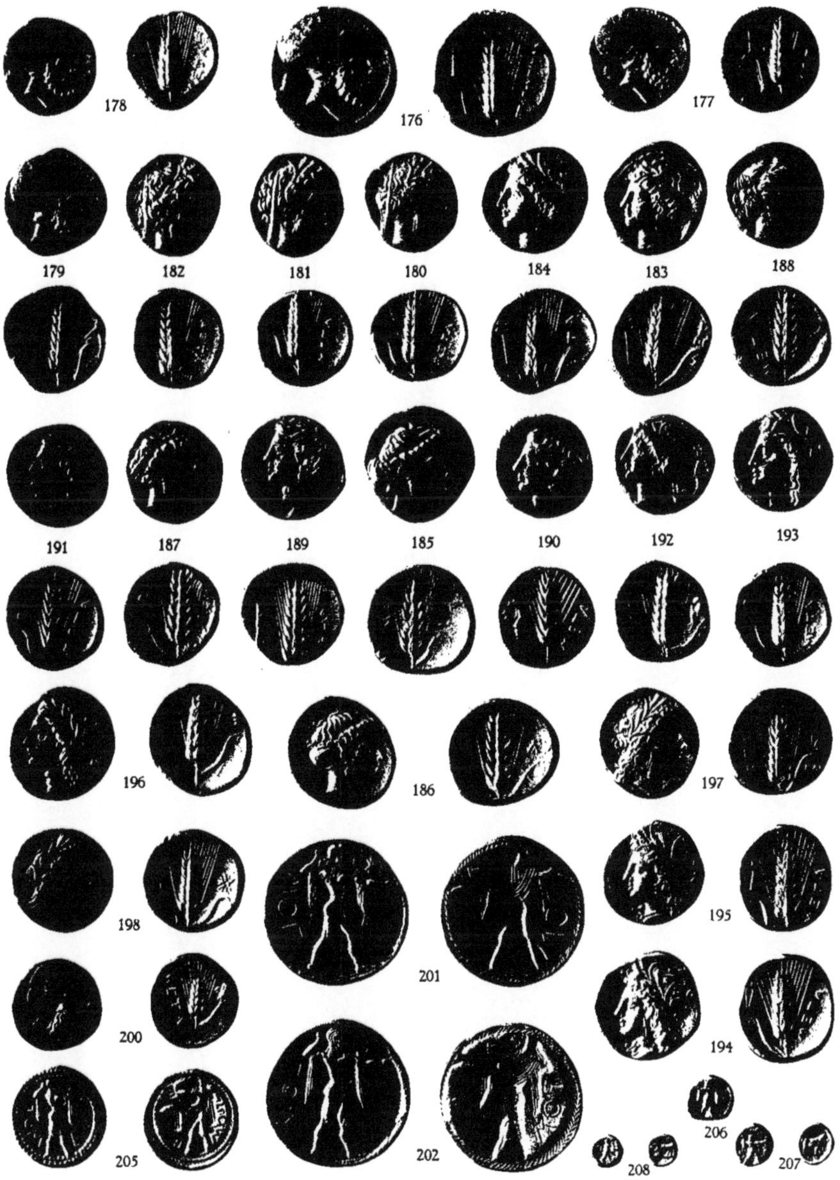
178
176
177
179
182
181
180
184
183
188
191
187
189
185
190
192
193
196
186
197
198
201
195
200
194
205
202
206
208
207

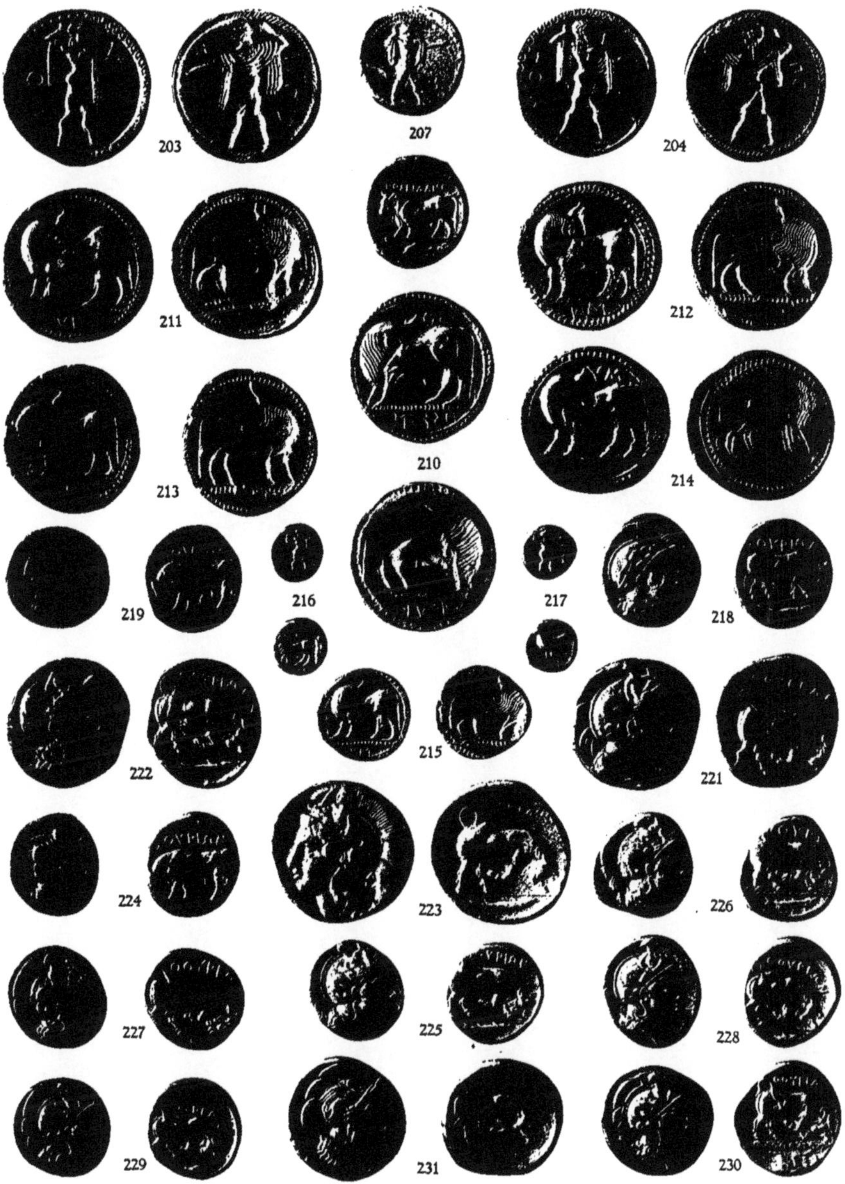
203
207
204
211
212
213
210
214
219
216
217
218
222
215
221
224
223
226
227
225
228
229
231
230

233
232
234
235
220
236
238
237
242
239
241
256
255
252
240
247
246
243
245
254
244
251
253
248
249
260
250
261
258
262
259
257

264
263
265
267
270
270
266
269
271
268
272
273
274
279
280
277
276
275
278
282
281
285
287
286
288
283
284

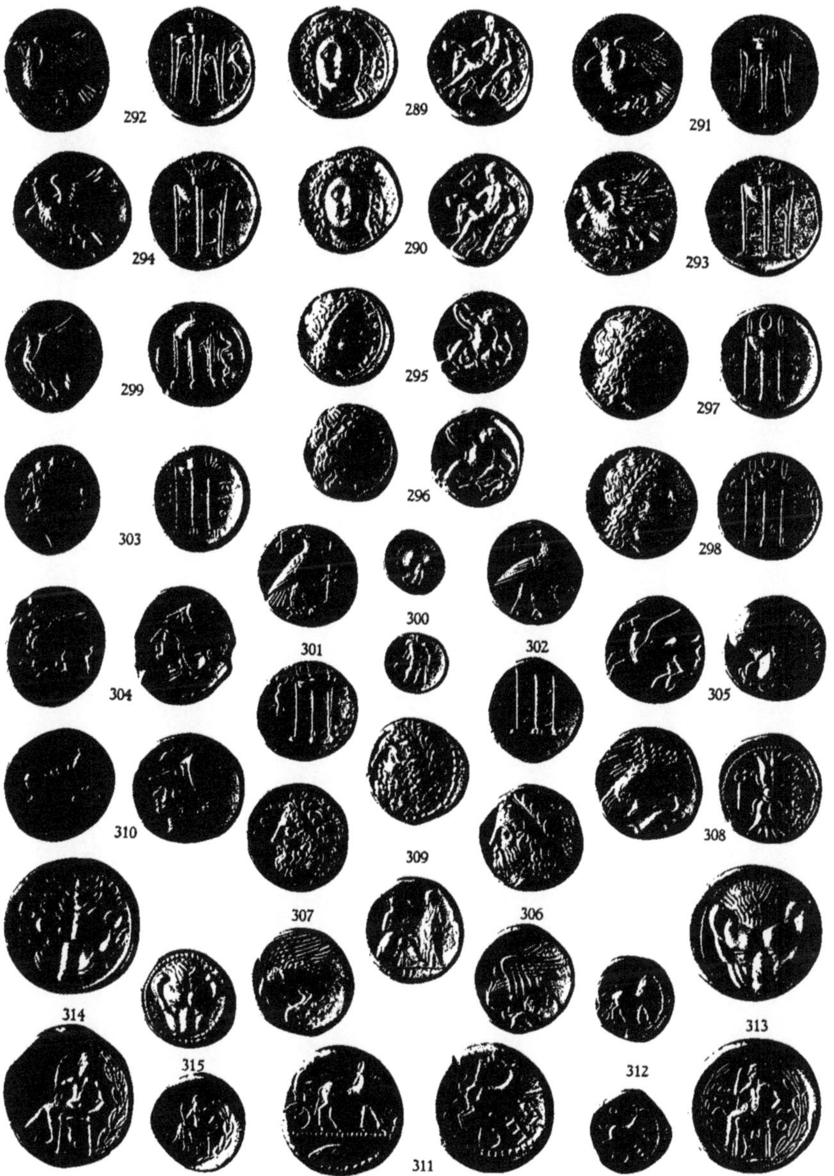
292
289
291
294
290
293
299
295
297
296
303
298
300
301
302
304
305
310
308
309
307
306
314
313
315
312
311

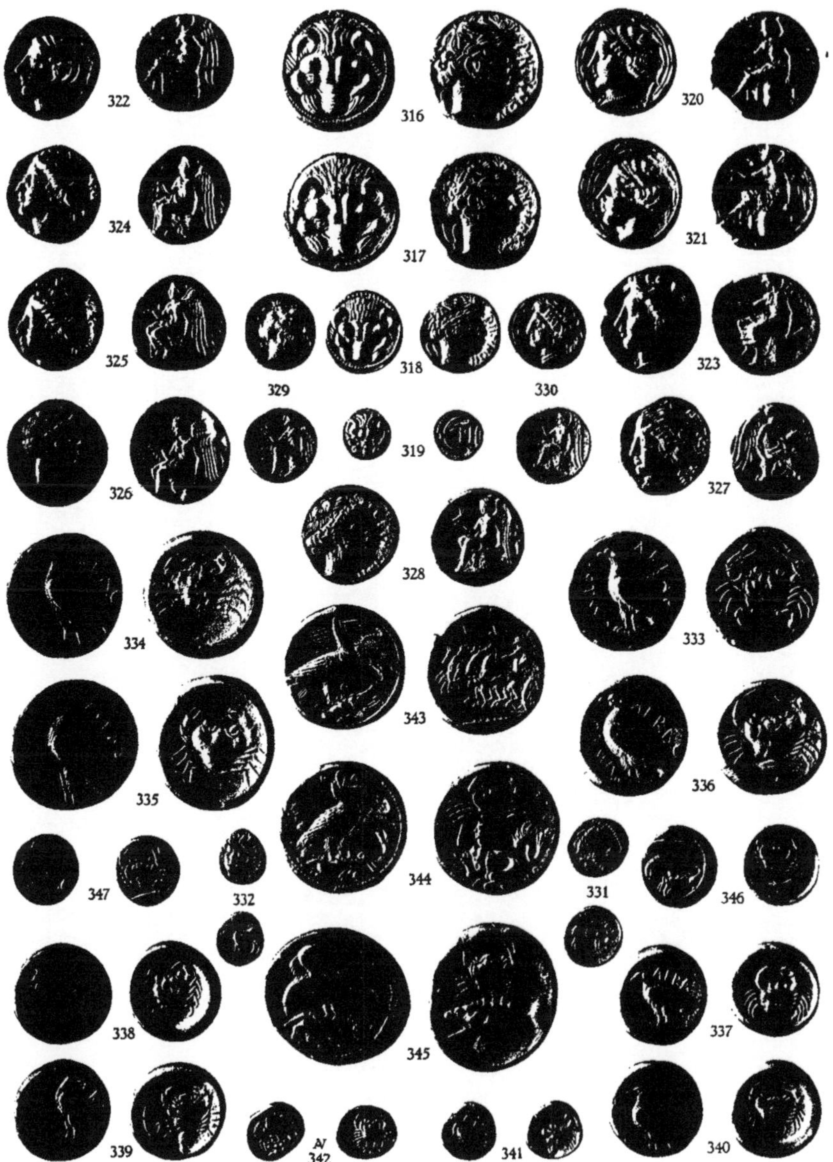
322
316
320
324
317
321
325
329
318
330
323
326
319
327
328
334
333
343
335
336
347
332
344
331
346
338
345
337
339
AV
342
341
340

351
349
350
348
355
354
353
361
359
356
362
363
357
364
366
358
367
365
360
371
370
369
372
352
368
373

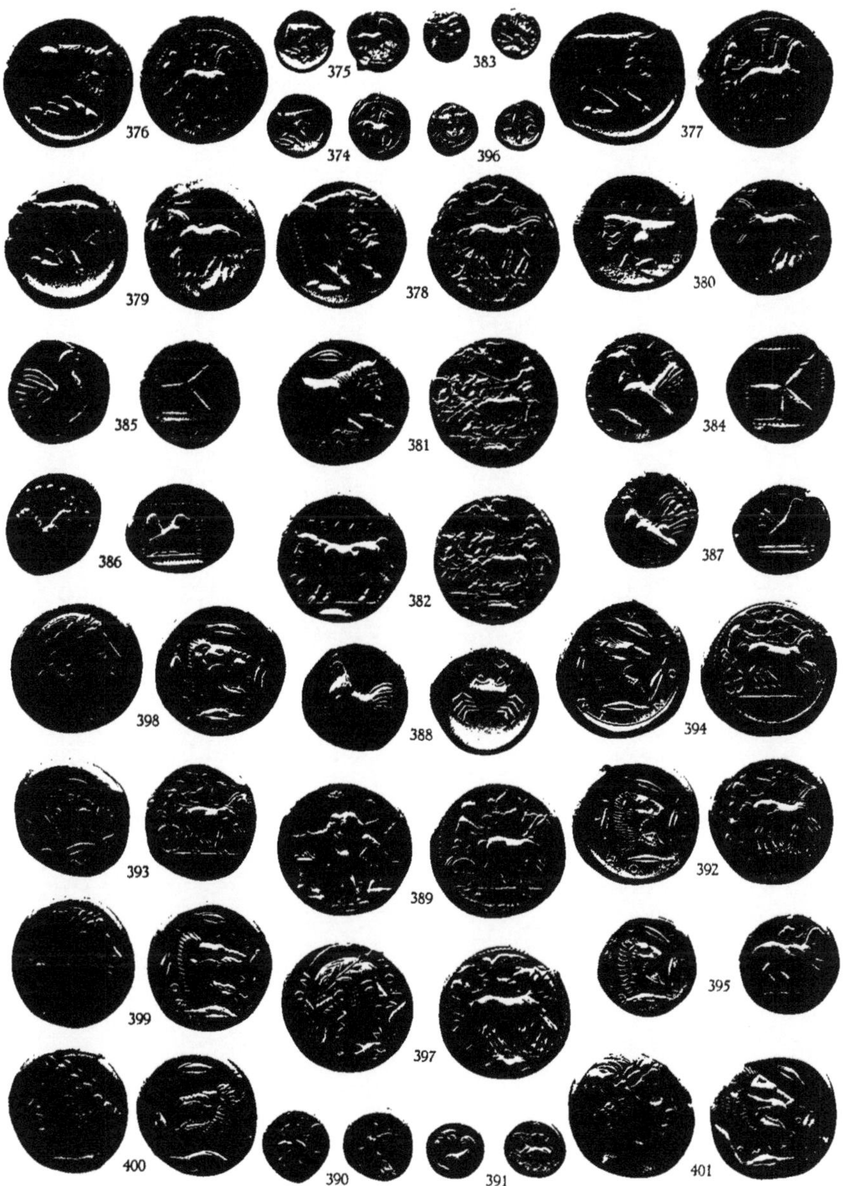
375
383
376
374
396
377
379
378
380
385
381
384
386
382
387
398
388
394
393
389
392
399
397
395
400
390
391
401

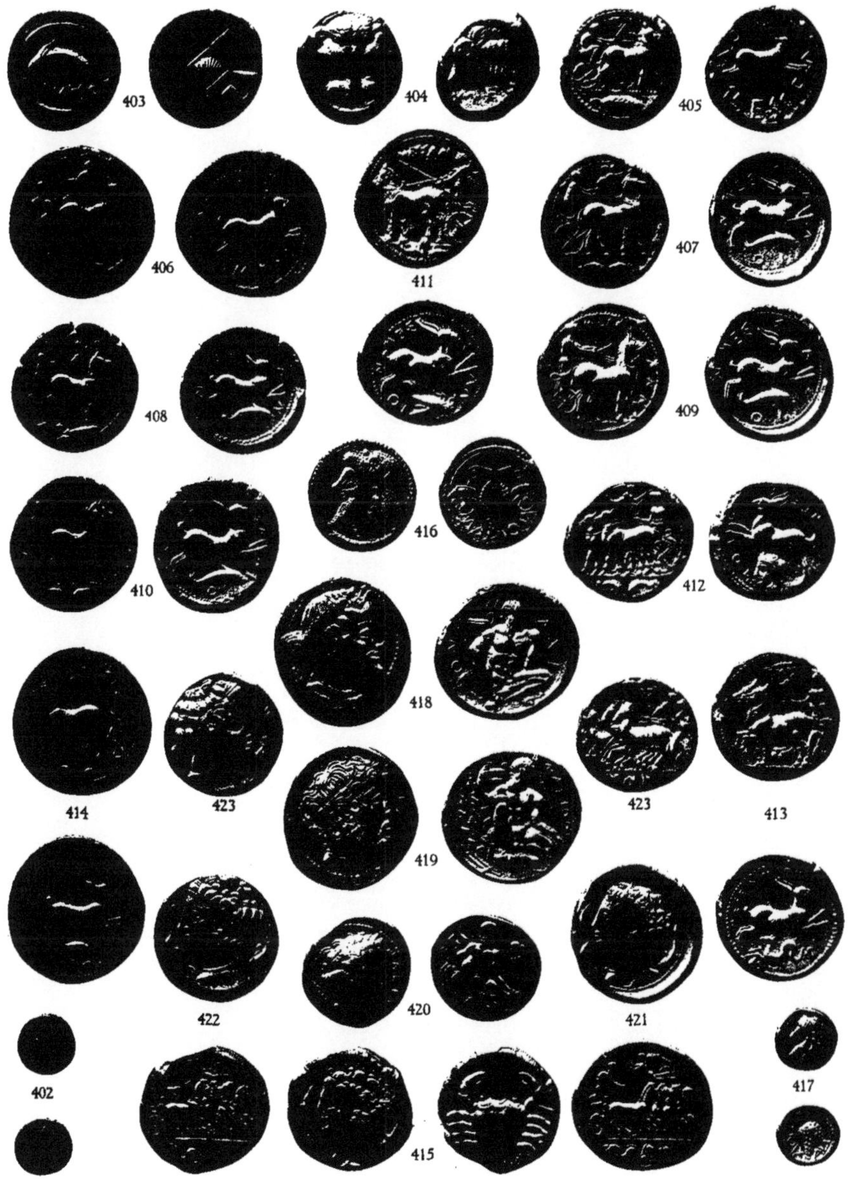
403
404
405
406
411
407
408
409
416
410
412
418
414
423
423
413
419
422
420
421
402
417
415

424
426
425
430
427
429
431
428
433
432
435
436
434
437
438
439
444
446
441
445
443
440
442

446
447
448
449
450
451
452
456
453
454
457
455
462
460
468
463
464
459
461
465
472
466
470
467
469
471

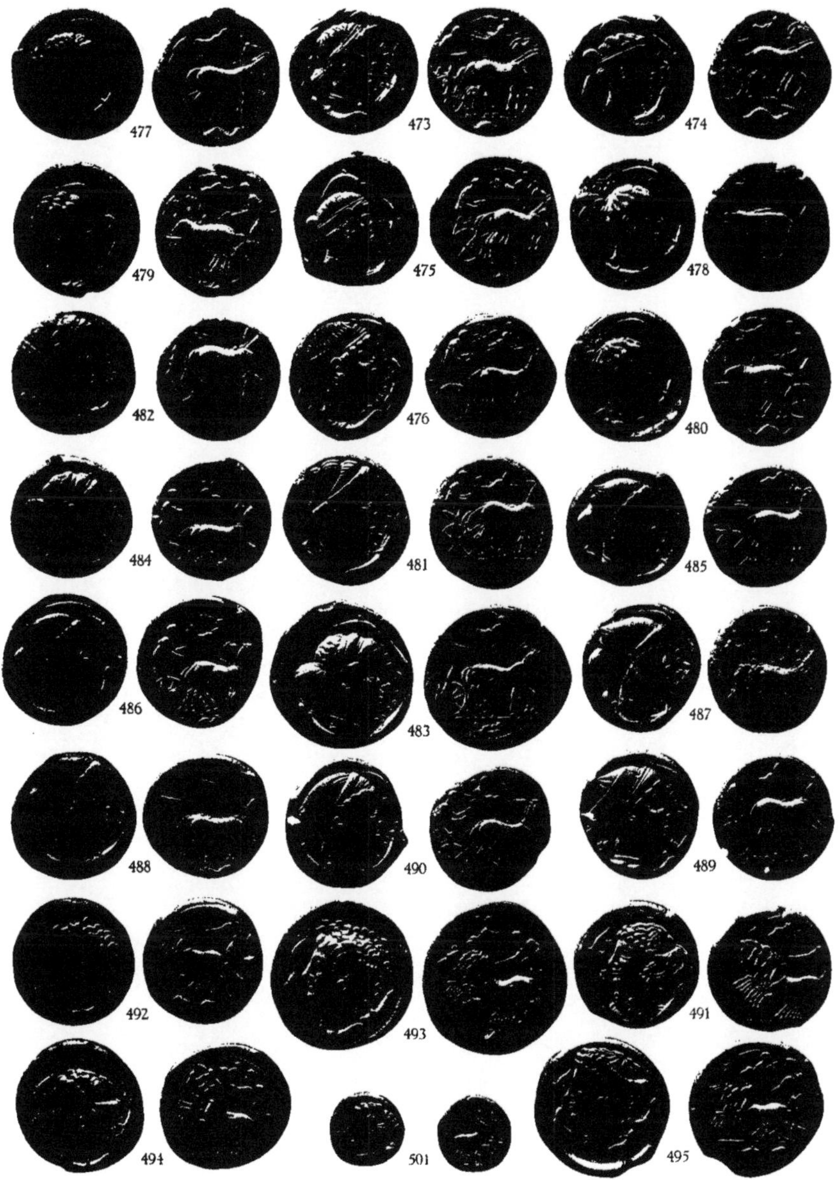
477
473
474
479
475
478
482
476
480
484
481
485
486
483
487
488
490
489
492
493
491
494
501
495

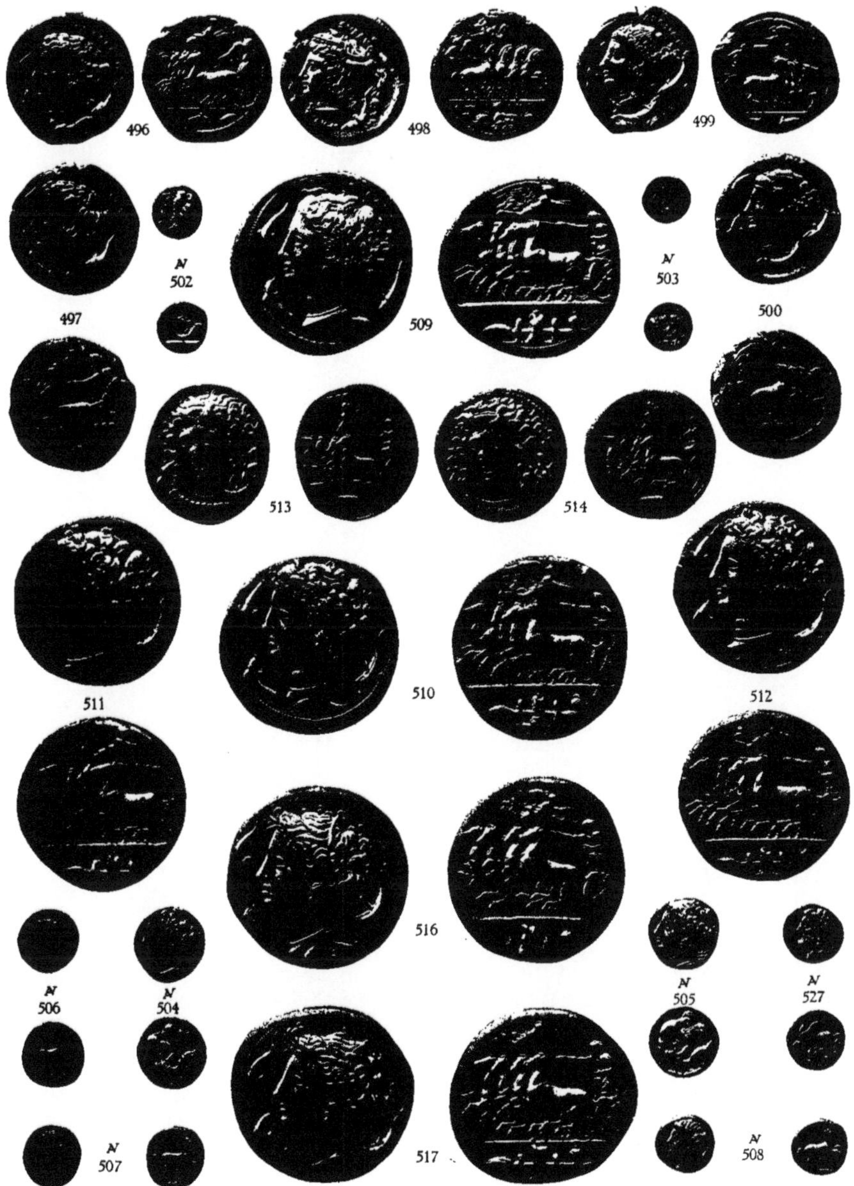
496
498
499
N
502
N
503
497
509
500
513
514
511
510
512
516
N
506
N
504
N
505
N
527
N
507
517
N
508

El.
526
525
530
515
AV
533
531
532
541
518
535
524
519
523
529
520
528
534
521
522
537
536
538
AV
548
AV
539
AV
545
AV
547
540
543
AV
546
542

550
544
563
551
549
552
553
555
554
556
562
557
561
N 569
N 567
N 566
N 568
N 574
N 570
559
565
560
573
564
572
N 558
571
576
575
577
582
580
578

579
581
583
585
584
586
587
588
589
590
594
597
591
593
592
603
604
595
El. 600
596
AV
598
El.
599

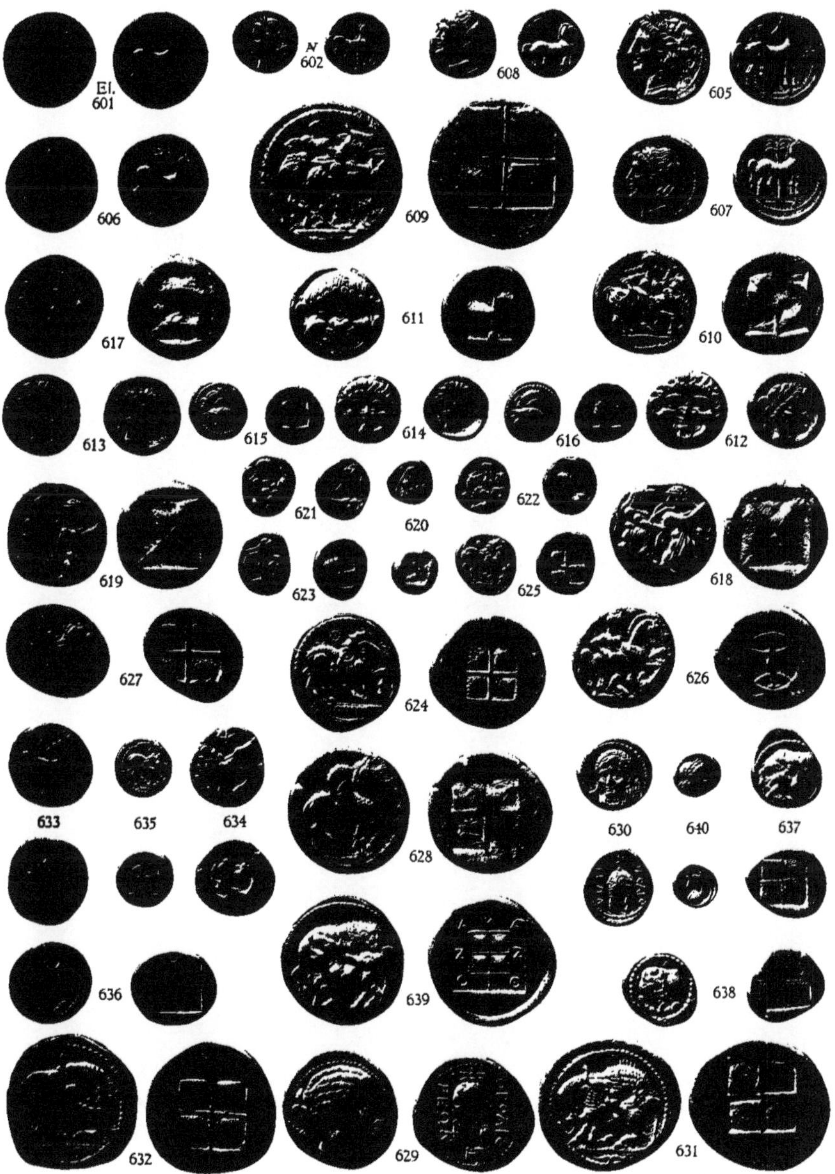

El.
601
N
602
608
605
606
609
607
617
611
610
613
615
614
616
612
621
622
620
619
623
625
618
627
624
626
633
635
634
630
640
637
628
636
639
638
632
629
631

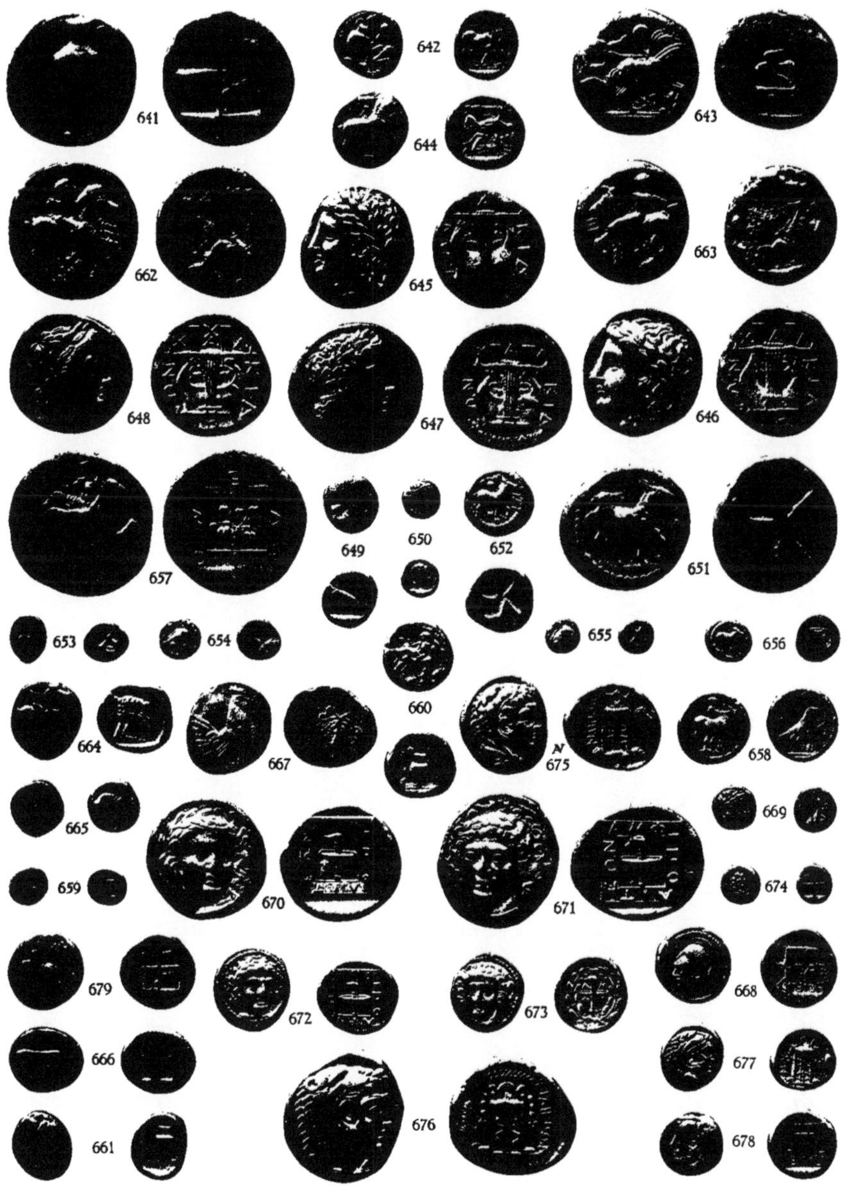
641
642
644
643
662
645
663
648
647
646
649
650
652
657
651
653
654
655
656
660
664
667
675
658
665
669
659
670
671
674
679
672
673
668
666
677
676
661
678

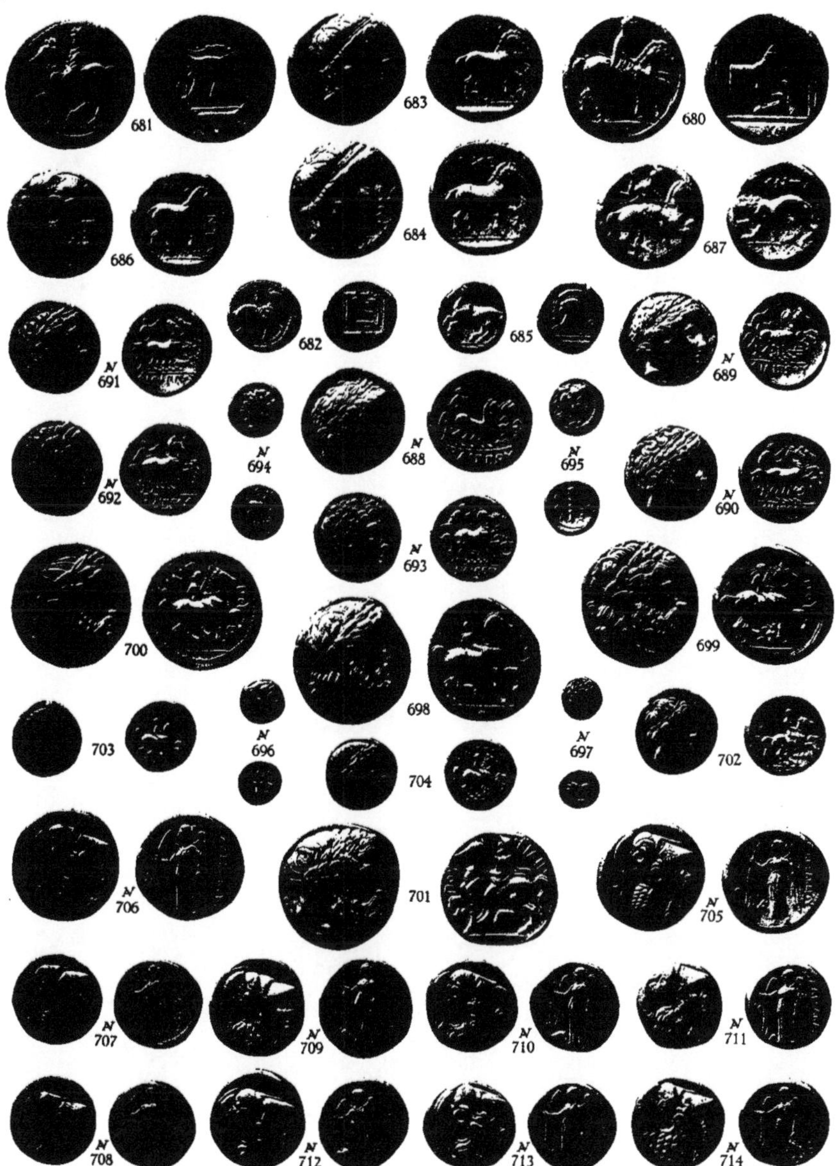
681
683
680
686
684
687
682
685
691
689
694
688
695
692
690
693
700
699
698
703
696
697
702
704
706
701
705
707
709
710
711
708
712
713
714

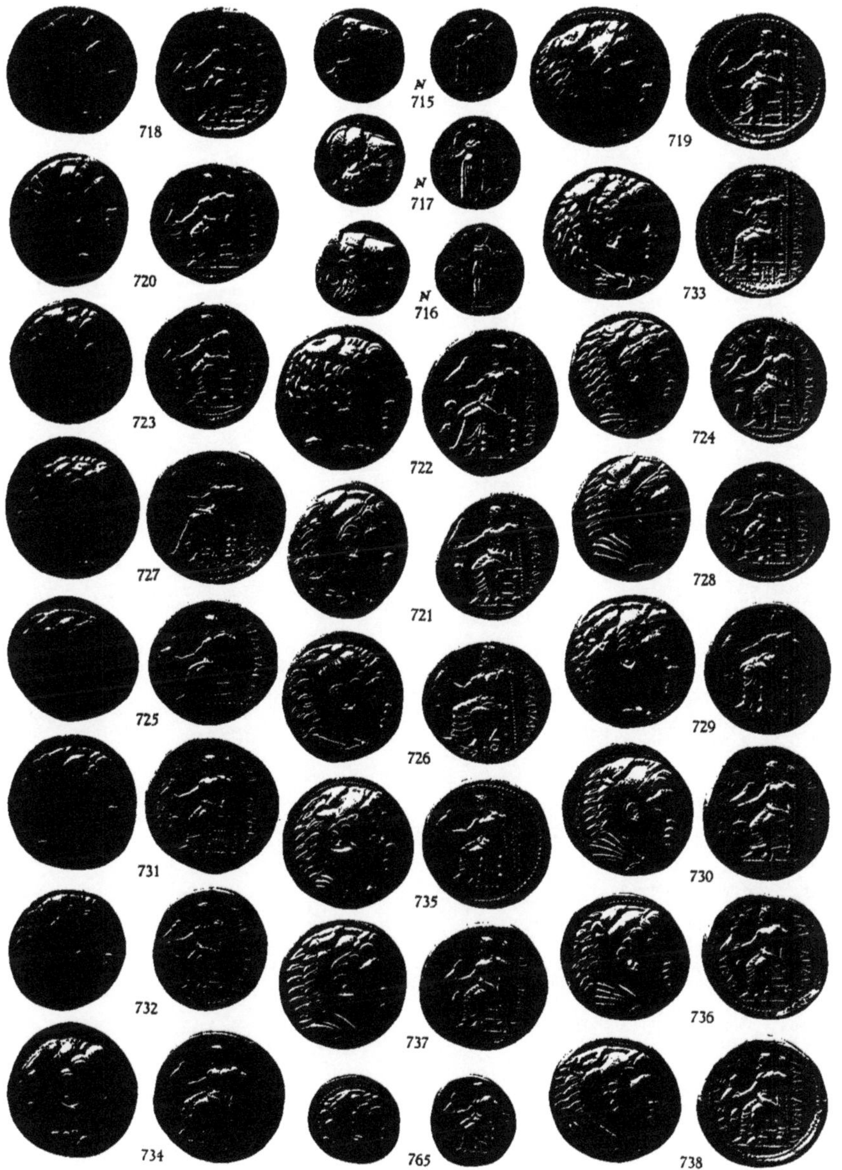
N
715
718
719
N
717
720
N
716
733
723
722
724
727
721
728
725
726
729
731
735
730
732
737
736
734
765
738

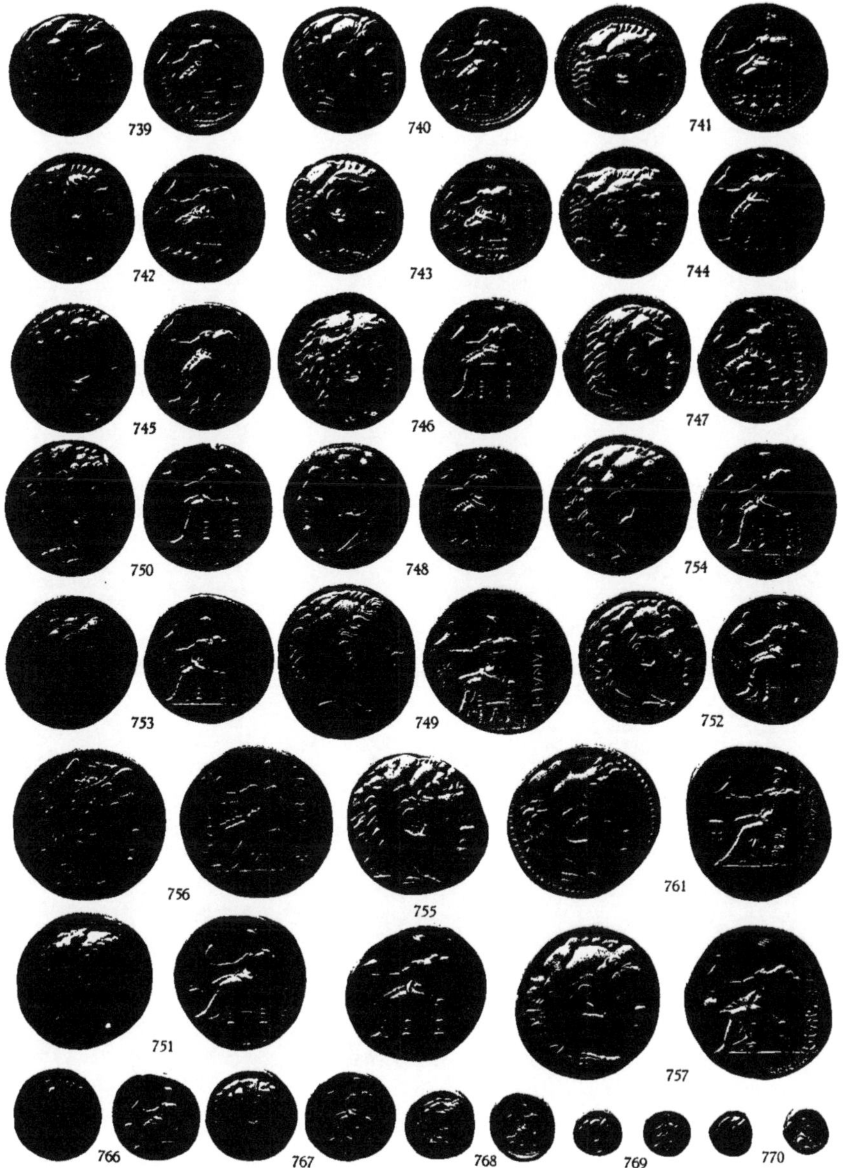
739
740
741
742
743
744
745
746
747
750
748
754
753
749
752
756
755
761
751
757
766
767
768
769
770

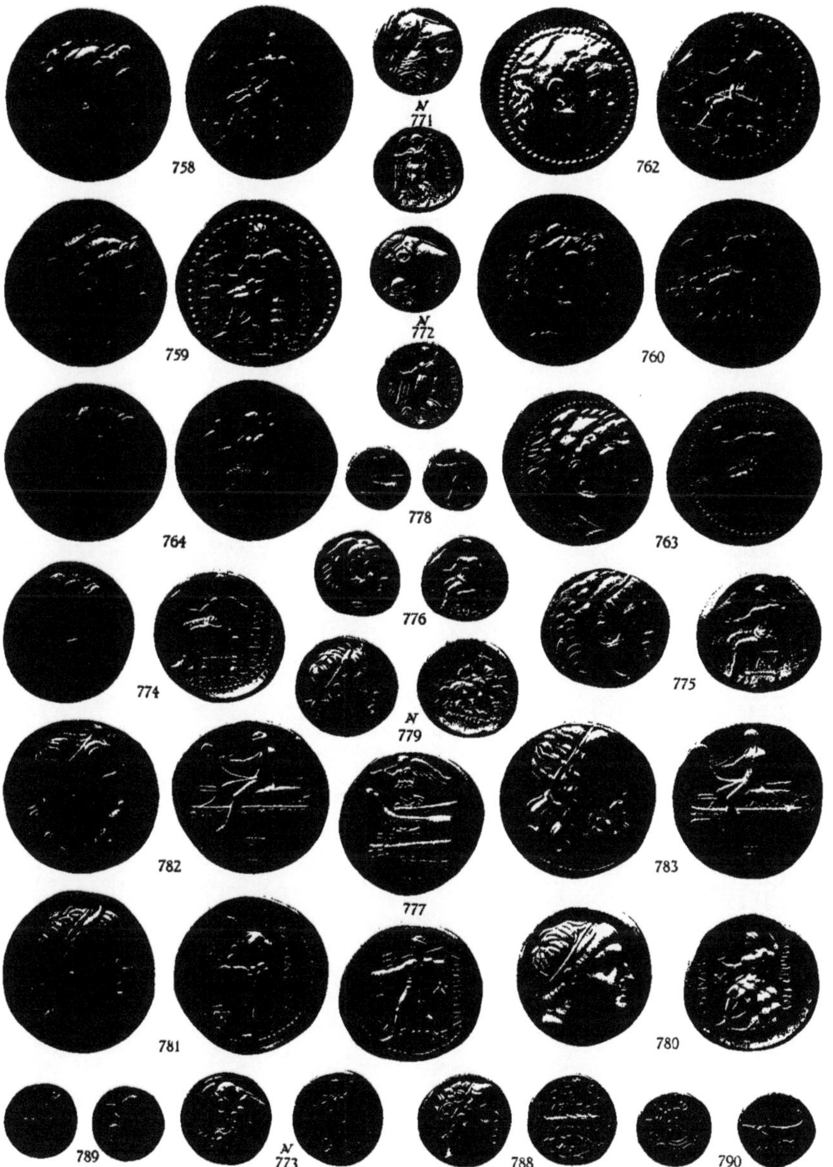

758
AV
771
762
759
AV
772
760
764
778
763
774
776
775
AV
779
782
777
783
781
780
789
AV
773
788
790

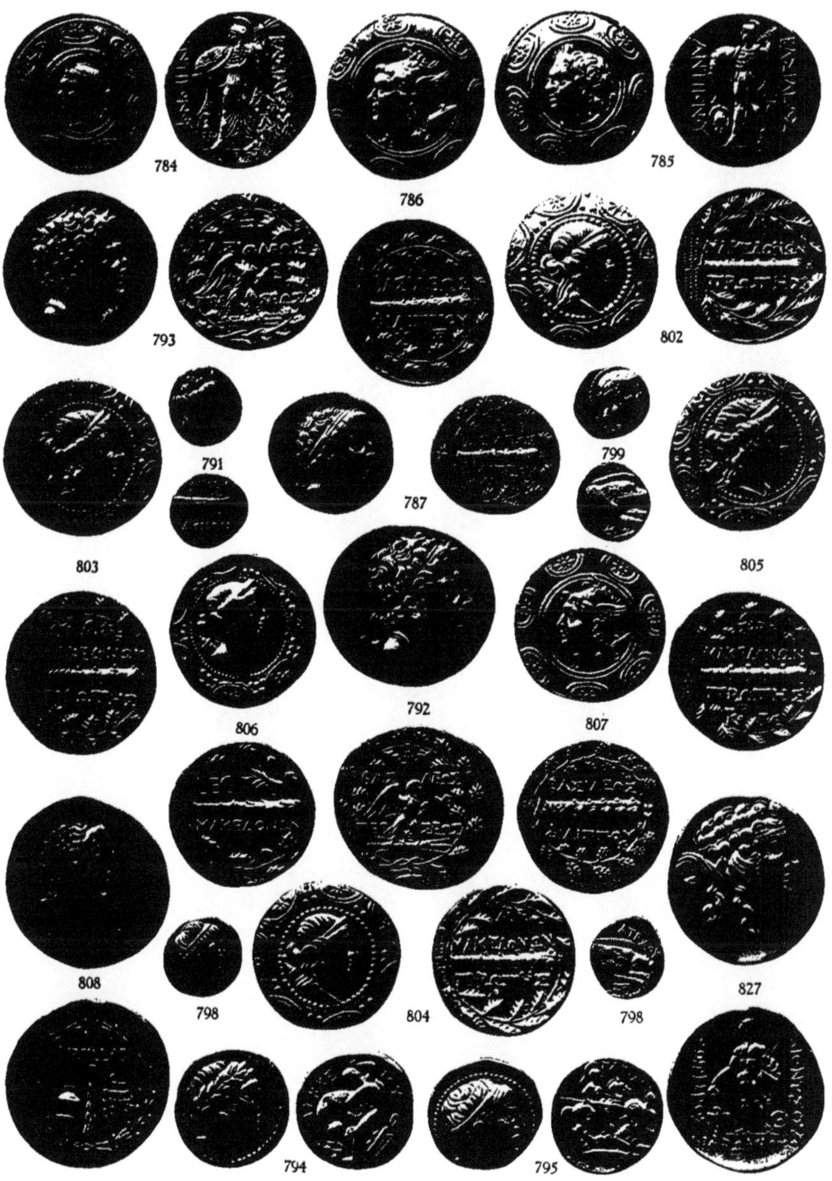
784
785
786
793
802
791
799
787
803
805
792
806
807
808
798
804
798
827
794
795

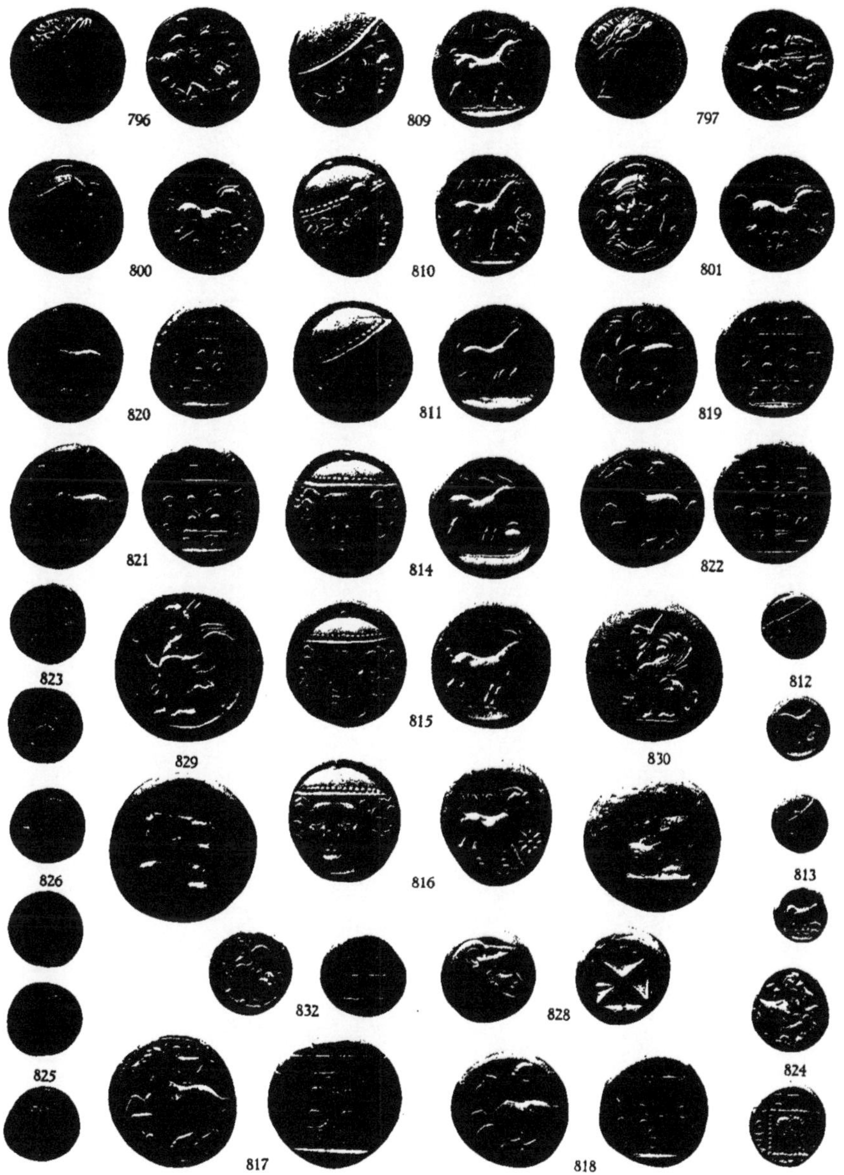
796
809
797
800
810
801
820
811
819
821
814
822
823
812
829
815
830
826
816
813
832
828
825
824
817
818

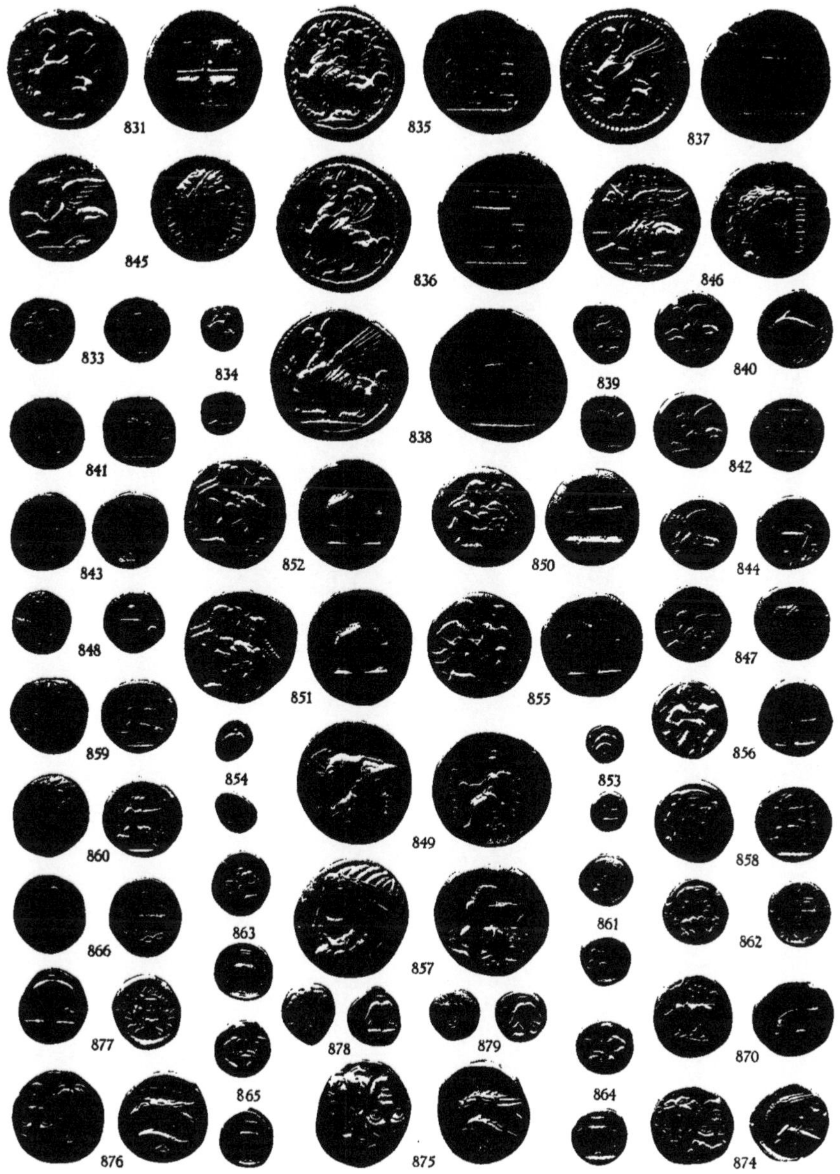
831
835
837
845
836
846
833
834
839
840
838
841
842
843
852
850
844
848
851
855
847
859
854
853
856
849
860
858
863
861
866
857
862
877
878
879
870
865
864
876
875
874

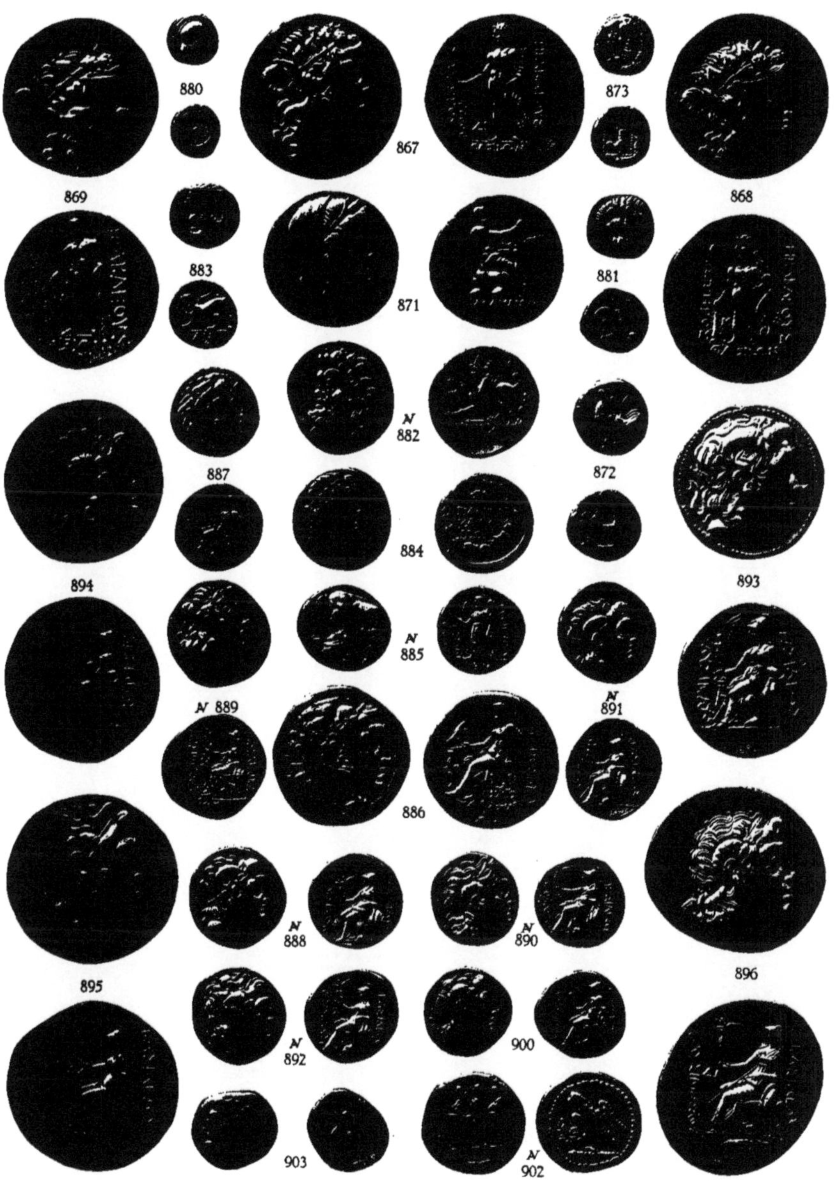
880
873
867
869
868
883
881
871
882
887
872
884
894
893
885
889
891
886
888
890
895
896
892
900
903
902

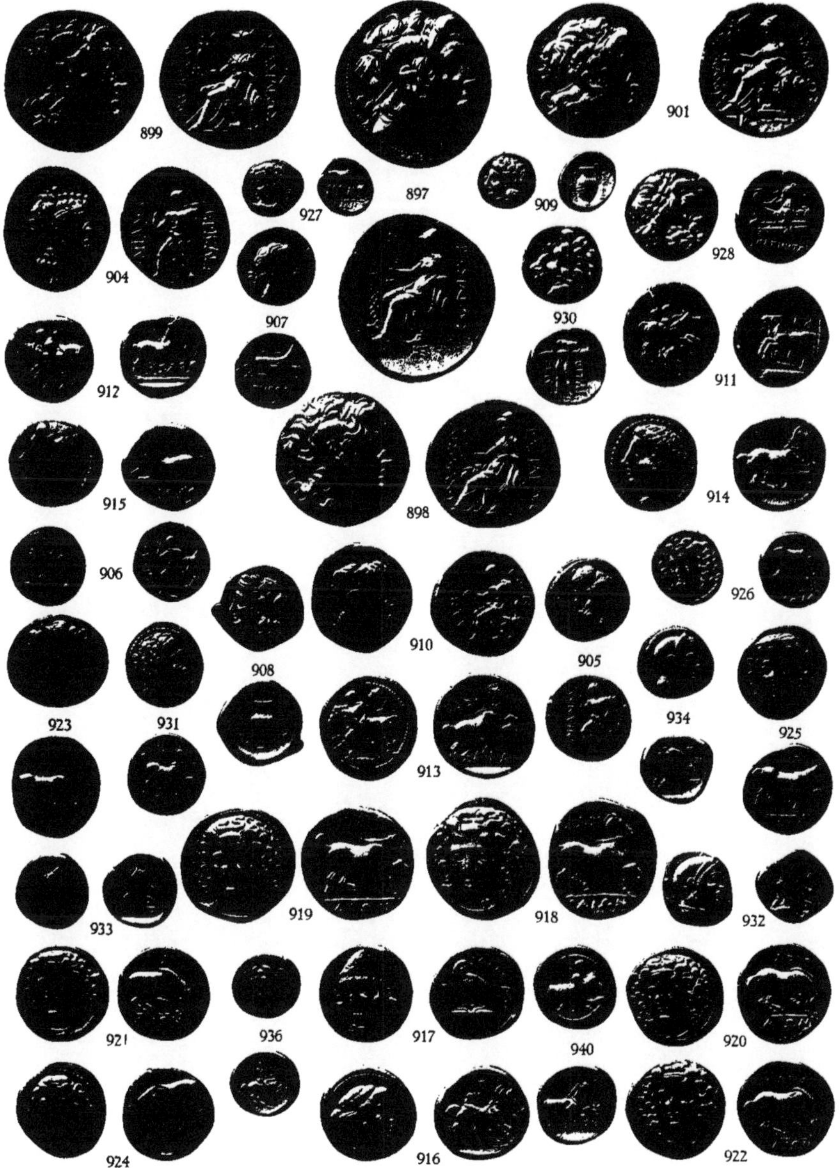
899
901
897
904
927
909
928
907
930
912
911
915
898
914
906
926
910
908
905
923
931
934
925
913
919
918
933
932
921
936
917
940
920
924
916
922

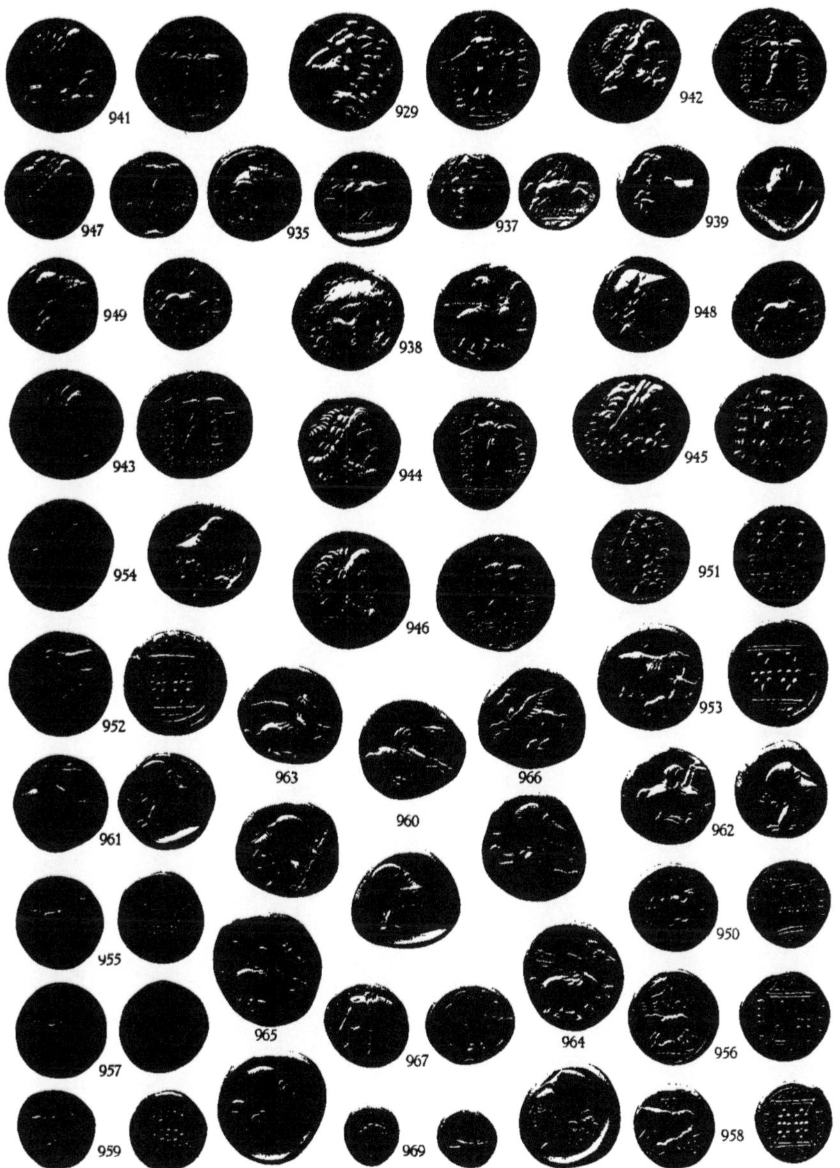
941
929
942
947
935
937
939
949
938
948
943
944
945
954
951
946
952
953
963
966
960
961
962
955
950
965
964
956
957
967
959
969
958

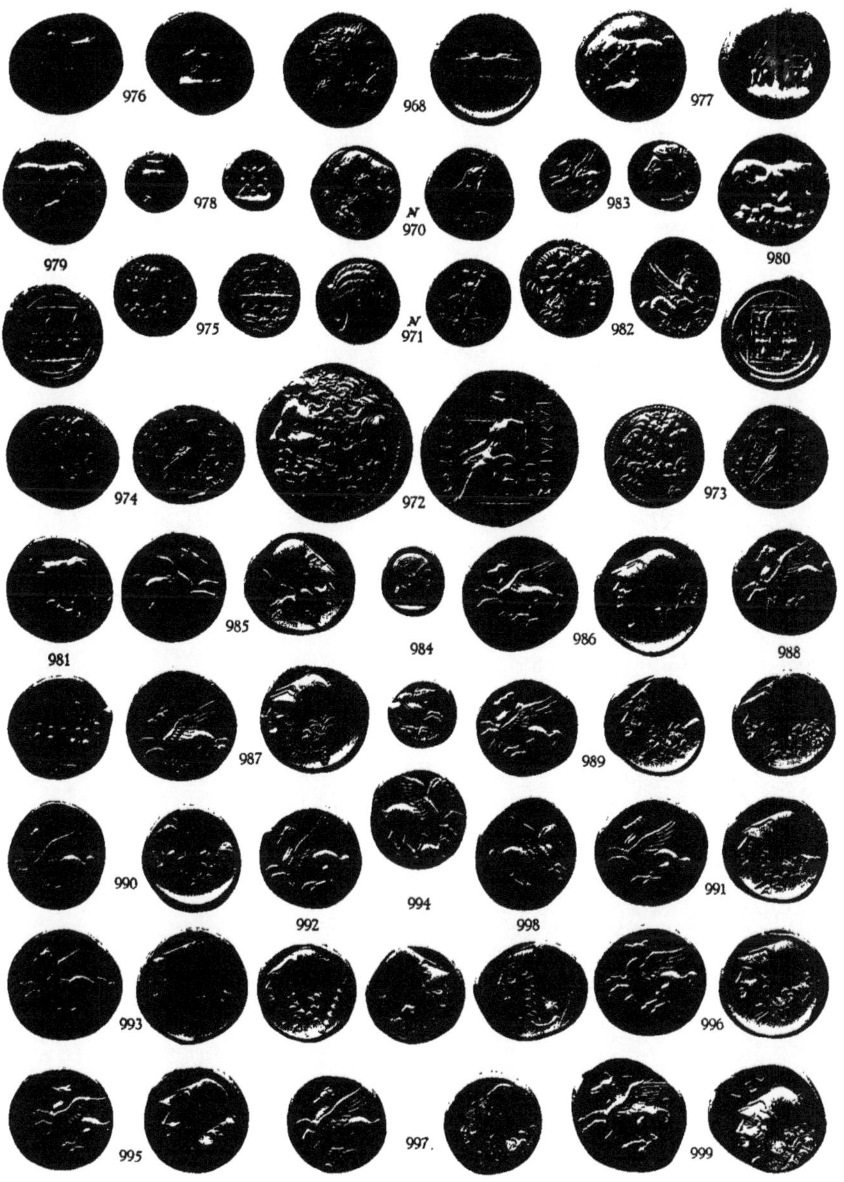
976
968
977
978
N
970
983
979
980
975
N
971
982
974
972
973
985
984
986
981
988
987
989
990
994
991
992
998
993
996
995
997
999

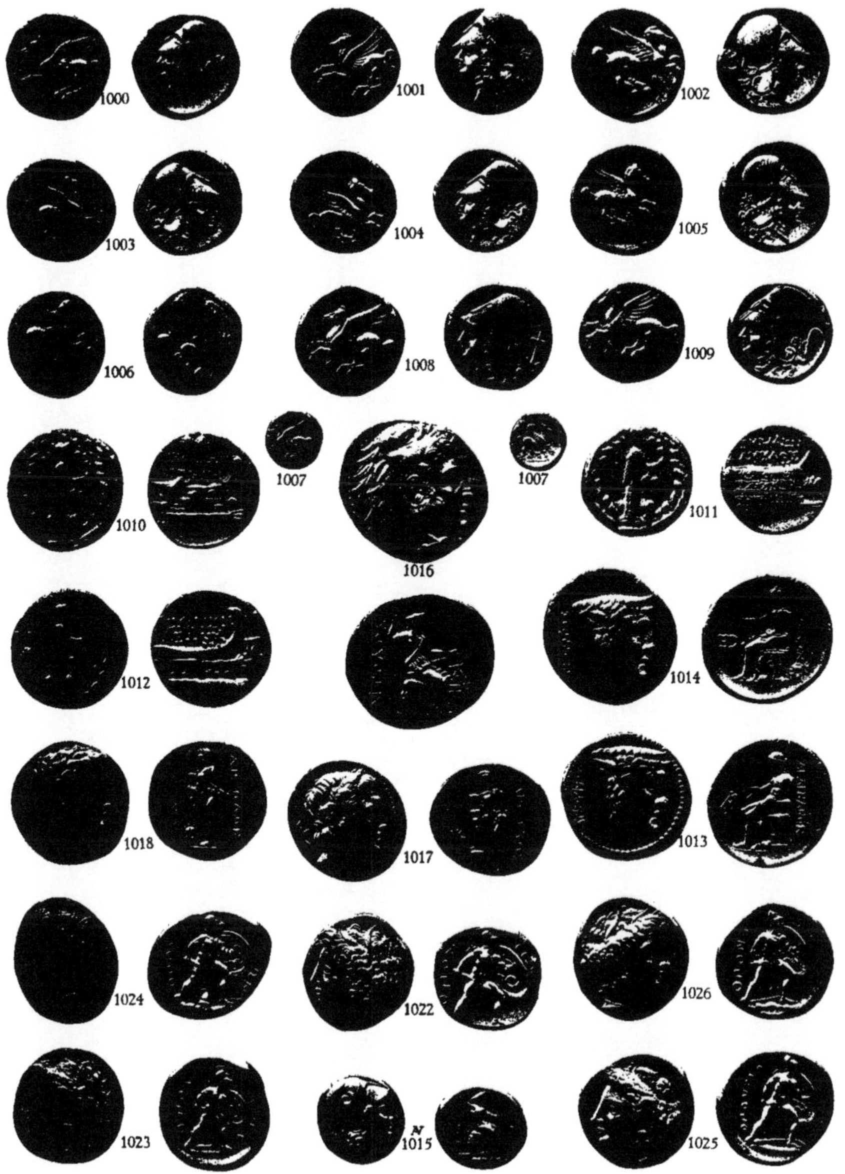
1000
1001
1002
1003
1004
1005
1006
1008
1009
1007
1007
1010
1016
1011
1012
1014
1018
1017
1013
1024
1022
1026
1023
N
1015
1025

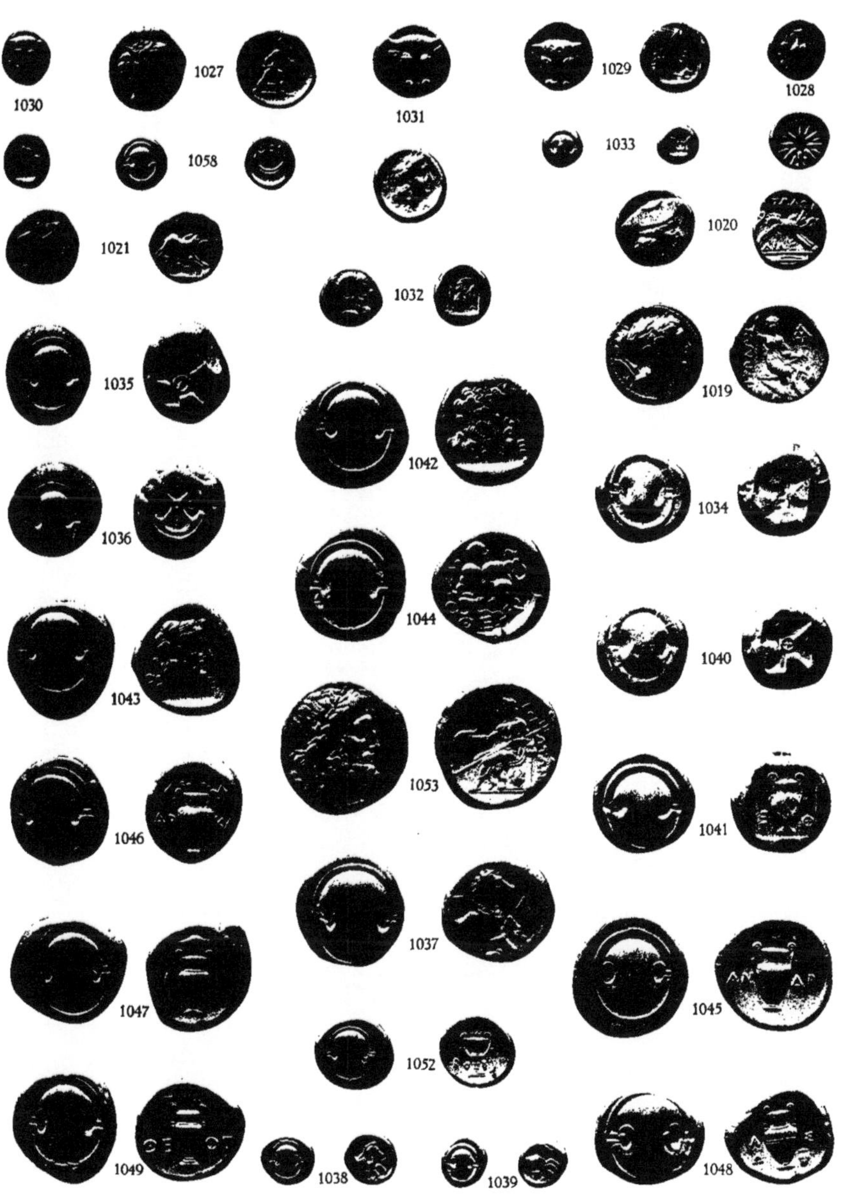
1030
1027
1031
1029
1028
1058
1033
1021
1020
1032
1035
1019
1042
1034
1036
1044
1040
1043
1053
1041
1046
1037
1047
1045
1052
1049
1038
1039
1048

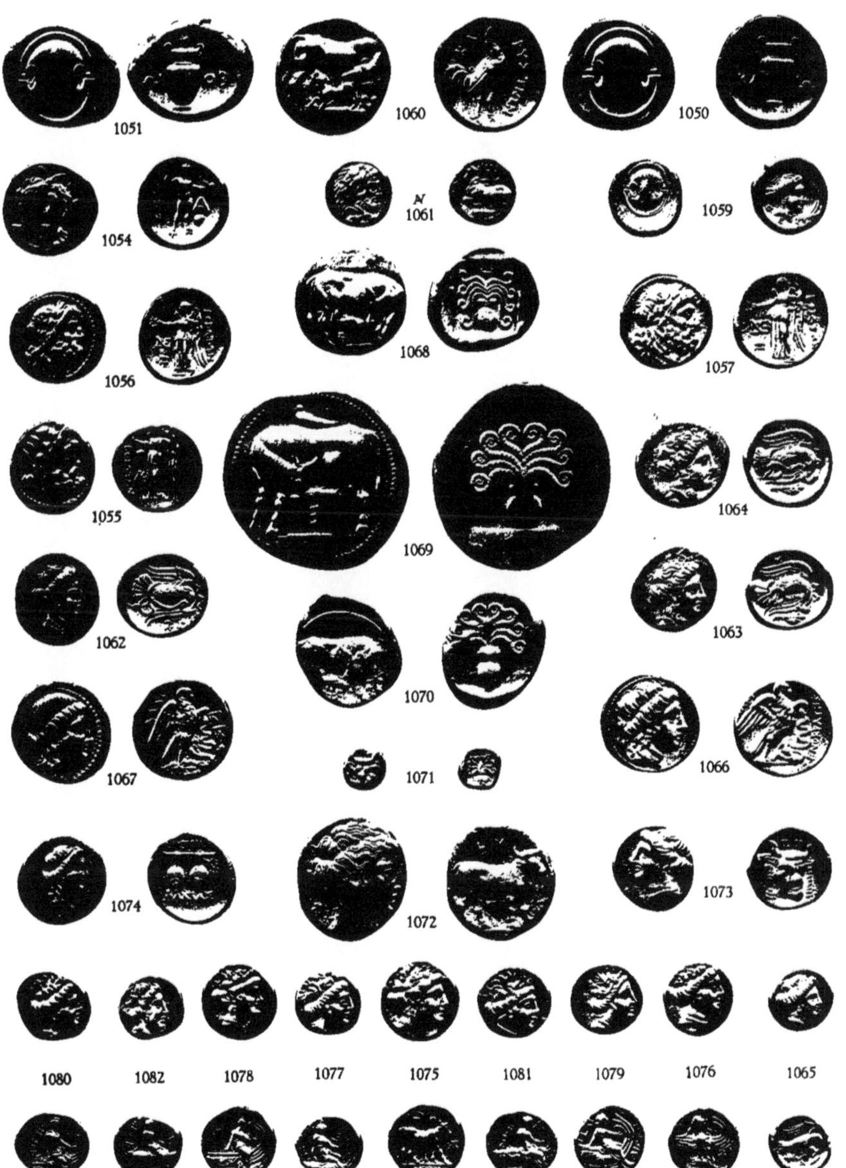

Phototypie Brunner & Cie. S. A. Zurich

www.ingramcontent.com/pod-product-compliance
Ingram Content Group UK Ltd.
Pitfield, Milton Keynes, MK11 3LW, UK
UKHW020252180726
13839UKWH00001B/299